**Let's talk Italian**

# Let's talk Italian

*A new approach to
speaking and reading*

*Lydia Vellaccio*

Lecturer in Italian
City Literary Institute, London

*M C Elston*

Head of Modern Languages
Hackney Downs School, London

Headway · Hodder & Stoughton

## List of Plates and Acknowledgments

Rome, Trevi fountain   p. 25 (J. Allan Cash)
Milan, railway station   p. 42 (J. Allan Cash)
Sardinia, street salesman   p. 52 (J. Allan Cash)
Sardinia, market in Alghero   p. 58 (J. Allan Cash)
Taormina, Greek temple   p. 73 (Italian State Tourist Office)
Elba, Marciana Marina   p. 86 (J. Allan Cash)
Amalfi   p. 104 (Camera Press)
Naples, the bay and Vesuvius   p. 129 (Paul Popper)
Selva di Cadore   p. 154 (J. Allan Cash)
Venice, St Moise bridge   p. 167 (J. Allan Cash)

ISBN 0 340 08370 0

First published 1972
Eleventh impression 1990
Copyright © 1972 M. C. Elston and L. Vellaccio

Printed in Great Britain for
Hodder and Stoughton Educational,
a division of Hodder and Stoughton Ltd,
Mill Road, Dunton Green, Sevenoaks, Kent
by St Edmundsbury Press Ltd, Bury St Edmunds, Suffolk.

# Contents

*This is only a brief summary. Fuller details of grammatical points dealt with in the exercises will be found in the index.*

# Aims, scope and suggestions for the use of this book

A high percentage of students complain that, having worked through the traditional courses and having learnt 'all the rules' which they have duly applied in translating all the relevant exercises, they are still unable to say a word when called upon to speak. Many teachers too find that it is impossible to get a conversation going once the situation becomes generalised.

In this book we have aimed to overcome these difficulties, keeping always in mind that the only way of learning to speak a language is to do just that: speak it.

We have assumed that the student will have some knowledge of Italian, but that it is in a form not readily available to him for the purposes of conversation. For this reason he will find the first texts relatively simple. However, we should like to stress from the outset that until the student can manage with ease all that is contained in Chapter 1, for example, (not, that is to say, merely understand it) he would be ill-advised to go on to Chapter 2, however long Chapter 1 may take to master. Before continuing, he should not only be able to go through the exercises correctly and automatically, but be able to use as much of the material as possible in other related contexts. Particularly important is automatic response to, and understanding of a verb when a question is asked:

| | |
|---|---|
| Studi*a* (lei) l'inglese? | No, studi*o* l'italiano. |
| Studi*ate* l'inglese? | No, studi*amo* l'italiano. |
| Lei studi*a*: ed io? | Lei insegn*a*. |

When this is mastered, great efforts should be made to elicit the right response in the various tenses used, so that the students react to and recognise the tenses instantly; at first this sort of knowledge is much more essential than an extensive vocabulary: the student therefore should always be encouraged to use what words he knows before acquiring fresh vocabulary.

The degree of accuracy acceptable will depend on the nature of the class and the particular aims of the students. If writing is the ultimate objective, obviously (given the phonetic nature of Italian) spoken accuracy must be insisted on much more rigorously than if, say, the student wants to be able to communicate in Italy on holiday: in the latter case, fluency may well in certain cases be more relevant than meticulous accuracy.

The following notes explain how the book is divided into its various sections and offer some suggestions on how to use it.

PART ONE (*Chapters* 1-8)

These opening chapters are designed as a preliminary revision of basic points which are essential for the fluent mastery of the language and of which even the more advanced student needs reminding. The exercises amply demonstrate the point being dealt with. The texts can be used as simple initial reading material and also as a basis for a situational conversation, since they are written in current spoken Italian. They are all based on the present tense and cover vocabulary and structures which are dealt with in more detail later. Used in conjunction with a course book they may provide any additional practice which is considered necessary.

PART TWO (*Chapters* 9-26)

The aim here is to provide graded reading material from the very simple to the very difficult which can be used for practice on various structures and then be generalised upon to form the basis of conversation.

*Text and Notes*

We have presented a variety of texts, some in narrative, some in dialogue form, each of which contains several essential points of structure; sufficient help is given in the notes to make the translation of the passage as a whole into English in class unnecessary, since we feel that the student should be able to do this at home and that the time that is normally spent on this activity is much better spent on selection of certain words and expressions in the text and asking the student to suggest other contexts in which they could be used: a simple example of this would be a word such as *utile*. This could be used as a quick vocabulary revision of all the objects the class considers as *utile: Una penna è utile, una sedia è utile, una matita è utile*, etc. round the class, and from the teacher, (picking up an English book) *Ma questo libro è inutile qui*. Obviously, the teacher must find the level of the class, but once this is done, he should keep things going as much as possible in Italian: in our experience this is what even the weaker students appreciate most. If an explanation in English seems desirable, then a limited time for explanations in English could be set aside for this purpose, but if Italian is ever going to become an effective means of communication for the student, the less said in English the better.

*Questions on the text*

These first occur in Chapter 9, and in both Chapters 9 and 10 we have divided the questions on the text into two sections, A and B.

*Series A*
These are questions which elicit repetition of sections of the text but do not necessarily imply understanding of it. They are *teaching* questions. The two extended examples we give in Chapters 9 and 10 should give the teacher an idea of the possibilities that lie in all the passages for eliciting such responses and he will find it a simple matter to acquire the technique required to formulate such questions.

*Series B*
These are *testing* questions, and in order to understand and answer these, the student must be much more aware of what the passage is about. He will have to modify (however slightly) the text before being able to produce an acceptable answer.

Our experience suggests that the Series A type of questioning procedure is a very unreliable guide to any comprehension of the text on the part of the student, and to any ability on his part to manipulate Italian, thus using it constructively. For this reason the rest of the questions in the book have been modelled as far as possible on the Series B type. These are much more demanding and imply both comprehension and productive ability.

  *i.* None of them can be answered by a simple *Sì.*

  *ii.* All of them encourage the natural use of a verb in the answer.

  *iii.* Where the answer is *No,* they clearly imply a further explanation as to why it is so, and this should be insisted upon by the teacher.

  *iv.* They require understanding of both the question and the text, and some manipulation of the latter.

Take for example two questions from Chapter 10:

| *Series A* | *Series B* |
|---|---|
| *Teacher:* Dov'è andata la sorella di Bruna? | *Teacher:* Quante volte Bruna e Antonio sono stati a Roma? |
| *Student:* (reading line 4 of the text) È andata in corridoio. (or more simply) In corridoio. | *Student:* Antonio c'è stato due volte, ma Bruna non c'è mai stata. |

The Series A question perhaps tests the word *dove,* though even this is doubtful. On the other hand, a glance at the text will suffice to show the complexity of the operations involved in arriving at the answer in Series B, where a definite link has to be made by the student: *È—sono—siamo,* and where two apparently unrelated pieces of information have to be put together. In later chapters the questions call on the student to draw certain inferences from the text which are implicit but not explicitly stated.

The results of students' efforts in Series B type questions might at first appear a little disappointing, but they will at least give the teacher a clear indication of whether he has taught what he set out to teach.

## Questions for you

Many of these are personal but the teacher should point out that no one is interested in eliciting embarrassing details about the student's private life (though he will find in Italy that questions tend to be indiscreet): so when he thinks that the question is too personal (i.e. *Quanti anni ha?*) he is not to worry too much about the exact truth. As long as his answer shows clearly that he has understood the question and that he is able to answer in correct Italian, he will fulfil all that is required of him. He must remember too that Italians tend to have a much more black and white approach to life than the average Englishman. They don't start all their answers off by *Dipende da* . . . (it depends on) or *Credo* . . . (I think) but come down heavily on one side or the other: as a nation they are very sure of themselves.

All these questions are designed to lead the student away from the text and talk about a more generalised situation in which he himself can get involved. At first the tendency will be for each student to answer one or two words on each of the questions, but with more experience and confidence, the class will be able to select one or two of the topics offered and deal with those alone much more fully: our aim in providing so many of them is ultimately to provide plenty of choice. In fact, the more advanced a class is, the more it will confine itself to one or two questions only in this section.

*Exercises and practice*

These give students intensive practice on points arising out of the text, and occasionally test too. However easy they may appear at first sight, they are an essential step to fluency. Too often, in traditional courses, most of the space is taken up by the rules: here, it is their demonstration in practice by easy stages that ensures the progress of the student. The ultimate aim of most of these exercises is *oral* not written and the student must aim at being able to do them without reading the answer off (most of them could be taped for language laboratory work) so that he will be able to apply them in other contexts.

*Situations*

We offer these as an alternative or as an addition to 'Questions for you' up to Chapter 18. They are given in English, but should be re-explained by the teacher in simple Italian. They are provided to give students an opportunity of using what they have seen and learnt in a variety of related contexts, approximating, as closely as possible, to situations they might themselves encounter. At first, the response will be very limited, but provided a relaxed atmosphere can be created in a class, more and more of what the students have learnt will be put to use. Many of the situations could be repeated with minor alterations by different groups of students: obviously the better ones should start the ball rolling, and the weaker ones encouraged to imitate what has already been said. Here again, it must be stressed that although the students should have a general idea of the way the conversation is going to proceed, the idea is not to read off what has already been written, but to develop a flexibility of response according to the demands of the situation. Care should be taken not to drag out any situation: a short spontaneous dialogue should be the primary aim.

*Useful words and expressions*

In earlier chapters these are added to help the student cope with the situations; in later ones, as additional vocabulary relating to the text and questions. The teacher will have to use his discretion in this section since many of the words and expressions are aimed at the more advanced student who will be quite capable of looking them up for himself and offering contexts in which they can be used correctly.

Finally, we make no excuse for omitting any sort of translation practice, believing that most students benefit far more from an extensive training in oral work, and all the thinking in Italian that this entails, than from detailed translation work which may well be left to a much later stage.

# 1     Scusi, non capisco        *prima lezione*

ROBERTO   un signore italiano
SIGNORA   una turista inglese
CAMERIERE
PROFESSORE

| | |
|---|---|
| ROBERTO | Un caffè, signora? |
| SIGNORA | Cosa? |
| ROBERTO | Un caffè, un gelato, una granita di limone? |
| SIGNORA | Scusi, non capisco. Non parlo italiano. |
| ROBERTO | Non importa. Cameriere! Un tè per la signora, e un caffè. |
| ROBERTO | È inglese, signora? |
| SIGNORA | Prego? Non capisco. Non parlo italiano. |
| ROBERTO | Io sono . . . lei è . . . Io sono italiano, lei è inglese. Io: sono italiano; lei: è inglese? |
| SIGNORA | Ah sì, capisco! Io sono inglese. |
| CAMERIERE | Ecco il tè, signora. Ecco il caffè, signore. |
| ROBERTO | Capisce l'inglese, Mario? |
| CAMERIERE | No, signor Roberto. Mi dispiace. Capisco solo l'italiano. Zucchero? |
| ROBERTO | Sì, grazie. |
| CAMERIERE | Zucchero, signora? |
| SIGNORA | No, grazie. |
| CAMERIERE | Prego. |
| ROBERTO | Ah, ecco il professore! Lei parla inglese, vero? |
| PROFESSORE | No, non parlo inglese. Parlo italiano e tedesco. Ma la signora è inglese? |
| ROBERTO | Sì, è inglese. Non parla italiano. Una birra, professore? Una birra tedesca? |
| PROFESSORE | Un'aranciata o una limonata. |
| ROBERTO | Cameriere, per piacere! Un'aranciata fresca per il professore, un altro tè e un altro caffè. |
| CAMERIERE | Ecco: Un altro tè per la signora, un altro caffè per il signor Roberto e l'aranciata fresca per il professore. |
| PROFESSORE | Lei, signora, non capisce l'italiano. Io non capisco l'inglese. Roberto non capisce il tedesco. Mario capisce solo l'italiano. Non importa! Ripeta: io ho . . . lei ha. |
| SIGNORA | Io ho . . . lei ha. |
| PROFESSORE | Molto bene! Io ho un'aranciata. Lei ha un tè. Chi ha l'aranciata? |
| SIGNORA | Lei ha l'aranciata. |
| PROFESSORE | Chi ha il tè? |
| SIGNORA | Io. Io ho il tè. |

| PROFESSORE | Io ho un giornale. Lei ha una rivista. Chi ha il giornale? |
|---|---|
| SIGNORA | Lei ha il giornale. |
| PROFESSORE | Chi ha la rivista? |
| SIGNORA | Io ho la rivista. |
| PROFESSORE | Io ho un orologio italiano. Lei ha un orologio inglese. Chi ha l'orologio inglese? |
| SIGNORA | Io ho l'orologio inglese. |
| PROFESSORE | Chi ha l'orologio italiano? |
| SIGNORA | Lei ha l'orologio italiano. Io ho la rivista inglese e lei ha il giornale italiano. |
| PROFESSORE | Ha lei il giornale? |
| SIGNORA | No, io non ho il giornale. Io ho la rivista. |
| PROFESSORE | Che cosa ho io? |
| SIGNORA | Lei ha il giornale. |
| PROFESSORE | Che cosa ha lei? |
| SIGNORA | Io ho la rivista. |
| PROFESSORE | Brava! Lei parla italiano molto bene! |

## Notes

scusi, non capisco   *sorry, I don't understand*
*un* signore italiano   *an Italian gentleman*
*una* signora   *a lady*
*una* turista inglese   *an English tourist*
*un* cameriere   *a waiter*
*un* professore   *a teacher*
*un* caffè, un gelato   *a coffee, an ice cream*
  cosa?   *pardon?*
  signora   *madam*
  prego   *pardon, don't mention it*
*una* granita di limone   *a grated ice drink, flavoured with lemon*
  non parlo italiano   *I don't speak Italian*
  non importa   *it doesn't matter*
*un* tè   *a tea*
  per   *for*
  e   *and*
  è inglese?   *are you English?*
  (io) sono   *I am*
  (lei) è   *you are, she is, is she?*
  ah sì   *ah yes*
  ecco . . .   *here is*
*il* tè   *the tea*
*lo* zucchero   *the sugar*
  capisce l'inglese?   *do you understand English?*
  sì, grazie; no, grazie   *yes please, no thank you*

mi dispiace   *I'm sorry*
solo   *only*
(lei) parla . . . vero?   *you speak . . . don't you?*
non parlo   *I don't speak*
tedesco   *German*
ma   *but*
non parla   *she doesn't speak*
*una* birra   *a beer*
*un'* aranciata fresca   *a cool orangeade*
o   *or*
*una* limonata   *a lemonade*
per piacere   *please*
per   *for*
altro   *other*
Roberto non capisce   *Roberto does not understand*
ripeta!   *repeat!*
(io) ho   *I have*
(lei) ha   *you have*
molto bene   *very good, very well*
chi   *who*
*un* giornale   *a newspaper*
*una* revista   *a magazine*
*un* orologio   *a watch, clock*
che cosa, cosa   *what*
brava! (*masc:* bravo)   *well done!*

## Exercises and practice

**A**  SÌ, GRAZIE/NO, GRAZIE

> *T.* Un caffè, signore?
> *S.* Sì, grazie. *or* No, grazie.

1  Una birra, signore?
2  Una limonata, signore?
3  Una granita di limone, signora?

4  Un gelato, signore?
5  Un tè, signora?
6  Un'aranciata, signore?

**B**  UN ALTRO/UN'ALTRA

> *T.* Un altro caffè, signore?
> *S.* Sì, un altro caffè, grazie.

1  Un altro gelato, signore?
2  Un altro tè, signora?
3  Un'altra birra, signora?

4  Un'altra limonata, signore?
5  Un'altra granita di limone, signora?
6  Un'altra aranciata, signore?

*Note.* Throughout the book *T* = Teacher, *S* = Student.

**C**  ECCO L'ALTRO/L'ALTRA

> *T.* Un altro caffè, per piacere.
> *S.* Ecco l'altro caffè.

1  Un altro gelato, per piacere.
2  Un altro caffè, per piacere.
3  Un'altra birra, per piacere.

4  Un'altra granita di limone, per piacere.
5  Un'altra limonata, per piacere.
6  Un'altra aranciata, per piacere.

**D**  CAPISCE . . . MA NON . . .

> (For answers in Ex. **D-J** refer to the text.)
> *T.* Roberto capisce l'inglese?
> *S.* Capisce l'italiano, ma non capisce l'inglese.

1  Il professore capisce l'inglese?
2  Il cameriere capisce il tedesco?
3  La signora capisce l'italiano?

4  Roberto capisce il tedesco?
5  Il cameriere capisce l'inglese?

**E**  È . . . NON È

> *T.* Il signor Roberto è inglese?
> *S.* No. Non è inglese. È italiano.

1  Il professore è tedesco?
2  Il cameriere è inglese?
3  La signora è italiana?

4  La rivista è tedesca?
5  La birra è inglese?
6  Il giornale è inglese?

**F   CHI HA . . .?**

> *T.* Chi ha il giornale italiano?
> *S.* Il professore ha il giornale italiano.

1  Chi ha il tè?
2  Chi ha il caffè?
3  Chi ha la rivista inglese?

4  Chi ha l'orologio italiano?
5  Chi ha l'orologio inglese?
6  Chi ha l'aranciata fresca?

**G   CHI PARLA . . .?**

> *T.* La signora parla inglese.
> *S.* Chi parla inglese?

1  Il professore parla tedesco.
2  Roberto parla italiano.

3  Il cameriere parla italiano.
4  Il professore parla italiano.

**H   CHI CAPISCE . . .?**

> *T.* La signora capisce l'inglese.
> *S.* Chi capisce l'inglese?

1  Il professore capisce il tedesco.
2  Roberto capisce l'italiano.

3  Il cameriere capisce l'italiano.

**I   HA/NON HA**

> *T.* La signora ha il caffè e il tè?
> *S.* Ha il tè, ma non ha il caffè.

1  Roberto ha il tè e il caffè?
2  La signora ha la granita di limone e il tè?
3  Il professore ha la birra e l'aranciata?

4  Il professore ha la rivista e il giornale?
5  La signora ha il giornale e la rivista?
6  Il professore ha l'orologio inglese e l'orologio italiano?

**J   CHE COS'HA?**

> *T.* La signora ha il tè.
> *S.* Che cos'ha la signora?

1  Roberto ha il caffè.
2  La signora ha il tè.
3  Il professore ha l'aranciata.

4  Il professore ha il giornale.
5  La signora ha la rivista.

ROBERTO
MARIA   amica di Roberto
SIGNORA
PROFESSORE

| | |
|---|---|
| ROBERTO | Buon giorno, signora. |
| SIGNORA | Buon giorno. Come sta? |
| ROBERTO | Bene grazie, e lei? |
| SIGNORA | Molto bene, grazie. |
| ROBERTO | Permette? Maria . . . La signora Laura. |
| MARIA | Piacere. |
| SIGNORA | Piacere. È anche lei italiana? |
| ROBERTO | No. La signorina è francese: è di Parigi. Vero, Maria? |
| MARIA | Sì, sono di Parigi. E lei signora, di dov'è? |
| SIGNORA | Io sono di Londra. Sono qui in vacanza. |
| ROBERTO | Maria è molto intelligente. Parla francese, italiano e inglese. |
| SIGNORA | Parla inglese, signorina? |
| MARIA | Un po'. Anch'io sono in vacanza. Londra è molto bella, vero? |
| SIGNORA | È molto bella e molto grande. Ma anche Parigi è bella. È piccola, ma è bella. |
| ROBERTO | Parigi è bella, Londra è bella, e Roma com'è? Perchè non parliamo di Roma? Anche Roma è molto bella. Roma è bella, è antica . . . |
| SIGNORA | Ma scusi, lei di dov'è? Non è di Firenze? |
| ROBERTO | No, signora. Non sono di Firenze. Sono di Roma. Il professore è di Firenze. |
| SIGNORA | Ah, ho capito. Allora: lei è di Roma, il professore è di Firenze, la signorina Maria è di Parigi e io sono di Londra. |
| MARIA | Sì, io sono parigina, lei è londinese, Roberto è romano e il professore è fiorentino. |
| ROBERTO | Brava, Maria! |
| | |
| ROBERTO | Com'è elegante, Maria! |
| MARIA | Questo vestito è bello, vero? È nuovo. Non è caro. Costa solo ottomila lire. |
| ROBERTO | Solo ottomila lire? Non è caro. |
| SIGNORA | Anche le scarpe sono belle. Sono molto moderne. |
| PROFESSORE | Sono belle, ma non sono comode. |
| MARIA | Non è vero. Sono molto comode e costano poco. Costano solo cinquemila lire. |
| ROBERTO | Anche la borsa è nuova? |

| | |
|---|---|
| MARIA | No. La borsa è vecchia. È una vecchia borsa di mia sorella. |
| ROBERTO | Quante sorelle e quanti fratelli ha? |
| MARIA | Cinque: due sorelle e tre fratelli. |
| PROFESSORE | Ha anche la macchina fotografica! Permette? |
| MARIA | Prego! |
| PROFESSORE | (*scherzando*) Una fotografia signori? Quanto costa questa macchina, Maria? È cara? |
| MARIA | Sì, questa è cara. È molto cara, ma è una macchina buona. È una macchina tedesca. |
| SIGNORA | Com'è bello questo cappello, signorina! È molto elegante. |
| MARIA | Lei è molto gentile. Siete tutti molto gentili, oggi. Ma anche voi siete molto eleganti. |
| PROFESSORE | Maria! Un uomo senza cravatta, senza calzini e con i sandali, non è mai elegante. |
| ROBERTO | Il professore ha ragione. Allora, siete pronti? |
| MARIA | Siamo pronti! Andiamo in autobus o a piedi? |
| ROBERTO | Abbiamo la macchina. È qui vicino. |
| MARIA | Avete anche la macchina? Siamo fortunate, signora! |
| SIGNORA | Sì, siamo fortunate. Gl'italiani hanno tutto. |

## Notes

di dov'è? *where do you come from?*
amica *friend*
di *of*
buon giorno *good morning, hullo*
come sta? *how are you?*
(molto) bene *(very) well*
permette? *may I (introduce)?*
piacere *it's a pleasure, pleased to meet you*
anche *also*
no *no*
signorina *young lady, Miss . . .*
francese *French*
di Parigi *from Paris*
Londra *London*
qui *here*
in vacanza *on holiday*
intelligente *intelligent*
*un* po' *a little*
anch'io *me too*
bella, vero? *beautiful, isn't it?*
grande *big, large*
piccolo *small*
Roma *Rome*

com'è? *how is it?*
perchè? *why? because*
parliamo *we speak*
antica (*masc:* antico) *ancient*
scusi *excuse me*
Firenze *Florence*
ho capito (*lit:* I have understood) *I understand*
allora *well then*
parigina (*masc:* parigino) *Parisian*
londinese *Londoner*
romano *Roman*
fiorentino *Florentine*
com'è elegante! *how elegant you are!*
questo (*fem:* questa) *this*
vestito *suit, dress*
nuovo (*fem:* nuova) *new*
caro (*fem:* cara) *dear*
costa *costs*
ottomila lire *eight thousand lire*
le scarpe sono belle . . . *the shoes are beautiful . . .*
moderne . . . comode *modern . . . comfortable*

non è vero *it is not true*
costano poco *they don't cost much*
cinquemila lire *five thousand lire*
la borsa *the hand-bag*
vecchio (vecchia) *old*
di mia sorella *of my sister*
quante sorelle e quanti fratelli *how many
  sisters and brothers*
cinque . . . due . . . tre *five . . . two . . . three*
la macchina (fotografica) *camera*
permette? *may I (see it)?*
prego! *yes, do!*
scherzando *joking*
fotografia *photograph*
signori *gentlemen, ladies and gentlemen*
quanto costa? *how much is it?*
buono (buona) *good*
cappello *hat*
gentile *kind*

siete tutti gentili *you are all kind*
oggi *today*
uomo *man*
senza cravatta . . . calzini *without a tie . . .
  socks*
con i sandali *with sandals on*
non è mai *is never*
ha ragione *he is right*
siete pronti? *are you ready?*
siamo *we are*
andiamo in autobus o a piedi? *are we going
  by bus or on foot?*
abbiamo *we have*
macchina *car*
qui vicino *near here*
siamo fortunate *we are lucky*
gl'italiani hanno tutto *the Italians have everything*

## Exercises and practice

**A** MOLTO

*T.* Il cappello è vecchio, vero?
*S.* Sì. È molto vecchio.

1 Parigi è bella, vero?
2 Londra è grande, vero?
3 Roma è antica, vero?

*T.* Maria è molto bella, vero?
*S.* Sì. È molto bella.

4 La borsa è moderna, vero?
5 Il vestito è elegante, vero?
6 Il professore è gentile, vero?

**B** DI DOV'È?

*T.* Di dov'è il cameriere?
*S.* È di Milano.

(Find the other answers from the text.)

1 Di dov'è il signor Roberto?
2 Di dov'è il professore?

3 Di dov'è la signora Laura?
4 Di dov'è la signorina Maria?

**C** COM'È . . .!

*T.* Questa borsa è bella.
*S.* Com'è bella questa borsa!

1 Questa macchina è comoda.
2 Questa granita è buona.
3 Questa birra è fresca.
4 Questo vestito è caro.

5 Quest'orologio è bello.
6 Questo signore è fortunato.
7 Questo cappello è elegante.
8 Questa signorina è gentile.

**D**  QUESTO/QUESTA

*T.* È un vestito?
*S.* Sì. Questo è un vestito.

1  È un gelato?
2  È un giornale?
3  È un orologio?
4  È un cappello?

5  È una rivista?
6  È una borsa?
7  È una granita?
8  È un'aranciata?

**E**  UN/UNA

*T.* Ecco il vestito. È moderno.
*S.* È un vestito moderno.

*T.* Ecco la rivista. È moderna.
*S.* È una rivista moderna.

1  Ecco la macchina. È nuova.
2  Ecco la cravatta. È vecchia.
3  Ecco la borsa. È piccola.
4  Ecco il signore. È italiano.
5  Ecco il giornale. È vecchio.

6  Ecco il cappello. È nuovo.
7  Ecco il vestito. È caro.
8  Ecco la signorina. È elegante.
9  Ecco la limonata. È fresca.
10  Ecco il professore. È intelligente.

**F**  IL/LA/L' (use L' before vowels)

*T.* Laura ha un vestito.
*S.* Il vestito è di Laura.

1  Roberto ha una macchina.
2  Maria ha una borsa.
3  Mario ha un'aranciata.

4  Laura ha un giornale.
5  Maria ha un gelato.
6  Roberto ha un orologio.

**G**  QUANTO COSTA/COSTANO? (For numerals see page 22.)

*T.* Quanto costa questa cravatta?     (*L. 2000*)
*S.* Costa duemila lire

*T.* Quanto costano queste cravatte?     (*L. 900*)
*S.* Costano novecento lire.

1  Quanto costa questa borsa?     (*L. 5000*)
2  Quanto costa questa rivista?     (*L. 200*)
3  Quanto costa questo vestito?     (*L. 15.000*)
4  Quanto costa questo gelato?     (*L. 120*)
5  Quanto costa questo giornale?     (*L. 80*)
6  Quanto costa quest'orologio?     (*L. 20.000*)
7  Quanto costa quest'aranciata?     (*L. 100*)
8  Quanto costano queste scarpe?     (*L. 8000*)
9  Quanto costano queste limonate?     (*L. 200*)

10 Quanto costano queste birre? (*L. 250*)
11 Quanto costano questi sandali? (*L. 5000*)
12 Quanto costano questi calzini? (*L. 800*)

**H** CARO/CARA/CARI/CARE     COSTA/COSTANO

*T.* La cravatta è cara?
*S.* No. Non è cara. Costa poco.

*T.* Le cravatte sono care?
*S.* No. Non sono care. Costano poco.

1 La borsa è cara?
2 La macchina è cara?
3 Il vestito è caro?
4 Il gelato è caro?
5 L'orologio è caro?

6 L'aranciata è cara?
7 Gli orologi sono cari?
8 Le aranciate sono care?
9 I calzini sono cari?
10 I sandali sono cari?

**I** ESSERE to be

Answer according to the person in the question:

| | *T* | |
|---|---|---|
| You | (lei) è | ...? |
| *You* | (voi) siete | ...? |
| *He/She* | (lui/lei) è | ...? |
| *They* | (loro) sono | ...? |

| | *S* | |
|---|---|---|
| *I* | (io) sono | ... |
| *We* | (noi) siamo | ... |
| *He/She* | (lui/lei) è | ... |
| *They* | (loro) sono | ... |

*T.* Siete italiani?
*S.* No. Non siamo italiani.

*T.* Le signore sono italiane?
*S.* No. Non sono italiane.

1 (Lei) è pronto, signore?
2 (Lei) è pronta, signora?
3 Il signore è pronto?
4 La signora è pronta?
5 (Voi) siete pronti?

6 (Voi) siete pronte?
7 (Loro) sono francesi?
8 (Loro) sono fiorentine?
9 (Voi) siete francesi?
10 (Lei) è italiano?

**J** AVERE to have

Again answer according to the person in the question, imitating the pattern in the example:

*T.* Ha il caffè e il tè, signore?
*S.* Ho il caffè, ma non ho il tè.

*T.* Avete il caffè e il tè, signori?
*S.* Abbiamo il caffè, ma non abbiamo il tè.

1 Ha il giornale e la rivista, signore?
2 Ha il vestito e il cappello, signora?
3 Ha le scarpe e i sandali, signorina?
4 Avete le aranciate e le limonate, signori?

5 Avete le cravatte e i calzini, signori?
6 Hanno la macchina fotografica e le fotografie?
7 Hanno lo zucchero e il caffè?
8 Ha l'orologio e la borsa, signorina?

**K** ANCH'IO . . .

Respond in each sentence with the 1st person (*io*) form of verb.

*T.* Il signore è pronto.
*S.* Anch'io sono pronto.

1  Io sono intelligente.
2  Il professore parla inglese.
3  La signorina capisce l'italiano.
4  Roberto e il professore hanno le scarpe nuove.

5  La signora è inglese.
6  Il signore ha un libro italiano.
7  Il professore capisce l'inglese.
8  Il cameriere capisce l'inglese e l'italiano.

**L** SOLO

Answer according to the person in the question (See I) using *solo* (only) with the last of each pair of nouns.

*T.* Parla italiano e tedesco, signore?
*S.* No. Parlo solo tedesco.

1  Capisce l'italiano e l'inglese, signore?
2  Parla francese e italiano, signorina?
3  Ha la rivista e il giornale, signora?
4  Avete i sandali e i calzini, signori?

5  Avete le aranciate e le limonate, signore?
6  Hanno i gelati e le granite?

**Numerals**

| | | | | | | |
|---|---|---|---|---|---|---|
| 1 | uno, una | 11 | undici | | 10 | dieci |
| 2 | due | 12 | dodici | 20 venti | 100 | cento |
| 3 | tre | 13 | tredici | 30 trenta | 500 | cinquecento |
| 4 | quattro | 14 | quattordici | 40 quaranta | 1,000 | mille |
| 5 | cinque | 15 | quindici | 50 cinquanta | 5,000 | cinquemila |
| 6 | sei | 16 | sedici | 60 sessanta | 10,000 | diecimila |
| 7 | sette | 17 | diciassette | 70 settanta | 1,000,000 | un milione |
| 8 | otto | 18 | diciotto | 80 ottanta | | |
| 9 | nove | 19 | diciannove | 90 novanta | | |

LAURA

MARIA

COMMESSA

| | |
|---|---|
| LAURA | Vorrei delle camicie. |
| COMMESSA | Di che colore, signora? |
| LAURA | Non lo so. Ha delle camicie bianche? |
| COMMESSA | Sì, signora. Ecco. Queste sono di popeline, queste di nailon. |
| LAURA | Quali prendo, Maria? |
| MARIA | Queste di popeline sono più belle. |
| LAURA | Allora, due di queste. Vorrei anche una cravatta. |
| COMMESSA | Ecco le cravatte. Sono di seta pura. È francese, signora? Non ha l'accento italiano. |
| LAURA | Sono inglese. Queste cravatte sono tutte belle. Quale prendo, signorina? |
| COMMESSA | È facile, signora: una blu, una grigia, una verde e una gialla. Queste quattro? Va bene. Altro, signora? |
| LAURA | Sì. Vorrei dei fazzoletti. Sei fazzoletti bianchi. |
| COMMESSA | Quali vuole? Questi? |
| LAURA | No. Questi sono grandi. Vorrei dei fazzoletti piccoli. |
| COMMESSA | Subito, signora. Ecco. Una scatola di fazzoletti piccoli. Vuole anche una camicetta? Abbiamo delle camicette molto belle. |
| LAURA | No. Basta così. |
| MARIA | Di che colore sono le camicette? |
| COMMESSA | Rosse, verdi, azzurre, viola . . . Abbiamo tutti i colori. Anche lei è inglese, signorina? |
| MARIA | No. Io sono francese. Sono queste le camicette? |
| COMMESSA | No. Questi sono dei pigiami. Le camicette sono qui. Ecco. Sono belle, vero? |
| MARIA | Sì. Sono belle, ma sono troppo chiare. Ha una camicetta più scura? |
| COMMESSA | Questa è scura. Più scura di così . . . Prende questa? |
| MARIA | Quale? Questa? Ma questa è nera! È troppo scura, e poi è brutta! Prendo questa blu e questi due pigiami. |
| COMMESSA | Va bene. Altro signorina? Abbiamo dei pullover di lana pura. |
| MARIA | No. Basta così. Accetta i franchi francesi? Non ho più soldi italiani. Non ho neanche una lira. |
| COMMESSA | Non si preoccupi, signorina! Qui accettiamo tutto: lire, sterline, franchi, dollari, tutto. |

**Notes**

vorrei   *I would like*
delle (*masc:* dei), *fem pl   some*
cam*i*cia   *shirt*
di che colore . . .?   *what colour . . .?*
commessa   *shop assistant (woman)*
non lo so   *I don't know*
bianco, bianca, bianchi, bianche   *white*
queste (*masc:* questi), *pl   these*
di popeline, di nailon   *poplin, nylon*
quali (*masc & fem pl*) quale (*masc & fem sing*)
   *which, which one*
prendo, prende   *I take, you/he/she takes*
più   *more*
due, una (*masc:* un, uno), sei, quattro   *two, one,*
   *six, four*
anche   *also*
seta pura   *pure silk*
l' accento italiano   *an Italian accent*
tutte (*masc pl:* tutti)   *all*
facile   *easy*
bl*u*, gr*i*gio, verde, giallo, rosso, azzurro, viola,
   nero   *navy blue, grey, green, yellow, red, blue,*
   *violet, black*
va bene   *all right, that's all right*

altro?   *anything else?*
fazzoletto   *handkerchief*
quali vuole?   *which ones do you want?*
su*b*ito   *(I'll get them) at once*
ecco   *here they are, here it is*
scatola   *box*
camicetta   *blouse*
basta così   *that's enough*
*il* pigiama, *ì* pigiama   *pyjamas*
troppo   *too*
chiaro   *light*
scuro, più scuro   *dark, darker*
più scura di così   *darker than that*
poi è brutta   *and it's ugly too* (poi: lit. = *then*)
*il* pullover, i pullover   *pullover*
di lana pura   *pure wool*
accetta . . .? accettiamo   *do you accept . . .? we*
   *accept*
franco, lira, sterlina, dollaro   *franc, lira, sterling,*
   *dollar*
non ho più soldi italiani   *I've no more Italian*
   *money*
non ho neanche una lira   *I haven't even a lira*
non si preoccupi!   *don't worry!*

## Exercises and practice

### A   DI CHE COLORE . . .?

Form the questions for the statements as in the examples.

*T.* Questa camicia è gialla.
*S.* Di che colore è questa camicia?

*T.* Queste camicie sono gialle.
*S.* Di che colore sono queste camicie?

1   Questo caffè è nero.
2   Questa cravatta è grigia.
3   Questa borsa è viola.
4   Questo vestito è verde.
5   Queste scarpe sono rosse.

6   Queste camicette sono verdi.
7   Questi fazzoletti sono azzurri.
8   Questi sandali sono bianchi.
9   Queste macchine sono nere.
10   Queste borse sono viola.

### B   QUESTI/QUESTE

*T.* Ecco le camicie. Sono bianche.
*S.* Queste camicie sono bianche.

*T.* Ecco i soldi. Sono italiani.
*S.* Questi soldi sono italiani.

1   Ecco le borse. Sono bianche.
2   Ecco le cravatte. Sono grigie.
3   Ecco le scarpe. Sono moderne.
4   Ecco le camicette. Sono eleganti.
5   Ecco le borse. Sono rosse.

6   Ecco i sandali. Sono neri.
7   Ecco i fazzoletti. Sono bianchi.
8   Ecco i vestiti. Sono belli.
9   Ecco i gelati. Sono buoni.
10   Ecco le scarpe. Sono nere.

**C**  TROPPO CARO/CARA, etc.

*T.* Vuole questa cravatta?          *T.* Vuole queste cravatte?
*S.* No. È troppo cara.              *S.* No. Sono troppo care.

1 Vuole questa macchina?             6  Vuole queste riviste?
2 Vuole questo cappello?             7  Vuole queste camicie?
3 Vuole questo vestito?              8  Vuole questi sandali?
4 Vuole questa borsa?                9  Vuole questi calzini?
5 Vuole quest'orologio?             10  Vuole questi orologi?


**D**  I/LE/GLI (*gli* before masculine plural vowels)

*T.* Laura ha dei giornali.          *T.* Laura ha delle riviste.
*S.* I giornali sono di Laura.       *S.* Le riviste sono di Laura.

1 Roberto ha dei fazzoletti.         6  Maria ha delle borse.
2 Maria ha dei giornali.             7  Paolo ha delle limonate.
3 Mario ha dei calzini.              8  Ida ha delle birre.
4 Carlo ha dei vestiti.              9  Angela ha delle camicette.
5 Laura ha degli orologi.           10  Carla ha delle fotografie.


**E**  QUESTO/QUESTA/QUESTI/QUESTE

Answer with the correct form of the above as in the examples.

*T.* Vorrei dei fazzoletti grandi.   *T.* Vorrei un gelato.
*S.* Vuole questi?                    *S.* Vuole questo?

1 Vorrei dei vestiti scuri.          6  Vorrei un orologio più caro.
2 Vorrei dei sandali moderni.        7  Vorrei una borsa più bella.
3 Vorrei delle camicette più chiare. 8  Vorrei delle scarpe più comode.
4 Vorrei delle riviste più moderne.  9  Vorrei un cappello più moderno.
5 Vorrei una cravatta più piccola.  10  Vorrei una camicia più grande.


**F**  QUALE VUOLE?/QUALI VUOLE?

Respond as in the examples.
*T.* Ho una rivista vecchia e una rivista nuova.
*S.* Quale vuole?

*T.* Ho delle riviste vecchie e delle riviste nuove.
*S.* Quali vuole?

1 Ho una borsa grigia e una borsa nera.
2 Ho una camicetta rossa e una camicetta gialla.
3 Ho un fazzoletto bianco e un fazzoletto verde.
4 Ho delle scarpe italiane e delle scarpe inglesi.
5 Ho dei vestiti di lana e dei vestiti di seta.
6 Ho dei fazzoletti grandi e dei fazzoletti piccoli.

7 Ho delle camicie di popeline e delle camicie di nailon.
8 Ho dei calzini chiari e dei calzini scuri.
9 Ho degli orologi inglesi e degli orologi italiani.
10 Ho delle cravatte di seta e delle cravatte di lana.

**G** VORREI

Answer as in example.

*T.* Vuole un giallo più chiaro?
*S.* No. Vorrei un giallo più scuro.

1 Vuole un grigio più chiaro?
2 Vuole un rosso più chiaro?

3 Vuole un verde più chiaro?
4 Vuole un blu più chiaro?

**H** UN/UNA (with *vorrei*)

*T.* Ma questa camicetta è troppo scura!
*S.* Vorrei una camicetta più chiara.

*T.* Ma questo pigiama è troppo scuro!
*S.* Vorrei un pigiama più chiaro.

1 Ma questa borsa è troppo scura!
2 Ma questa cravatta è troppo scura!
3 Ma questa camicia è troppo scura!
4 Ma questa macchina è troppo scura!

5 Ma questo vestito è troppo scuro!
6 Ma questo cappello è troppo scuro!
7 Ma questo pullover è troppo scuro!
8 Ma questo fazzoletto è troppo scuro!

**I** DEI/DELLE (with *vorrei*)

*T.* Ma queste camicette sono di seta!    *... di nailon.*
*S.* Vorrei delle camicette di nailon.

*T.* Ma questi fazzoletti sono troppo piccoli!    *... più grandi.*
*S.* Vorrei dei fazzoletti più grandi.

1 Ma queste scarpe sono troppo brutte!    *... più eleganti.*
2 Ma queste cravatte sono di lana!    *... di seta.*
3 Ma queste scarpe sono troppo grandi!    *... più piccole.*
4 Ma queste borse sono troppo brutte!    *... più belle.*
5 Ma queste camicie sono inglesi!    *... italiane.*
6 Ma questi pigiami sono chiari!    *... scuri.*
7 Ma questi pullover sono piccoli!    *... grandi.*
8 Ma questi cappelli sono neri!    *... bianchi.*
9 Ma questi calzini sono di nailon!    *... di lana.*
10 Ma questi vestiti sono vecchi!    *... nuovi.*

**J** DEI/DELLE (mixed)

*T.* Non ho neanche una scatola.
*S.* Non si preoccupi! Io ho delle scatole.

1 Non ho neanche un soldo.

2 Non ho neanche un franco.

3  Non ho neanche un marco.
4  Non ho neanche un dollaro.
5  Non ho neanche una cravatta.

6  Non ho neanche un giornale.
7  Non ho neanche una rivista.
8  Non ho neanche una sterlina.

**K**  NON BASTA/BASTANO + numbers

*T.* Prendo un gelato.
*S.* Ma un gelato non basta!

*T.* Ho mille lire.
*S.* Ma mille lire non bastano!

1  Prendo tre aranciate.
2  Prendo quattro caffè.
3  Ho cinquecento lire.
4  Ho una sterlina.
5  Prendo due birre.

6  Prende cinque tè?
7  Abbiamo duemila franchi.
8  Ha sei fazzoletti?
9  Avete sette sterline?
10  Hanno dieci dollari.

**L**  QUANTI/QUANTE . . . + HA/PRENDE/VUOLE/COSTA

Supply the question as in the example, using the same verb as you are given, but in the third person singular.

*T.* Ho due fratelli.
*S.* Quanti fratelli ha?

*T.* Prendo un'aranciata.
*S.* Quante aranciate prende?

1  Ho tre sorelle.
2  Ho due riviste.
3  Vorrei quattro granite.
4  Vorrei sei gelati.
5  Costa cinque sterline.

6  Ho due professori.
7  Ho un orologio.
8  Vorrei una birra.
9  Prendo un caffè.
10  Ha tre camicie.

**M  Verb revision**

Complete with the appropriate person of the same verb.

*T.* Capisco l'italiano. Anche loro ...
*S.* Anche loro capiscono l'italiano.

1  Capisco l'italiano. Anche lui ...
2  Parla inglese. Anch'io ...
3  Sono di Londra. Anche noi ...
4  Hanno la macchina. Anche noi ...
5  Prende un gelato. Anch'io ...
6  Siamo inglesi. Anche voi ...?
7  Ha capito. Anch'io ...

8  Sono pronto. Anche loro ...
9  Siamo fortunati. Anche loro ...
10  Abbiamo lo zucchero. Anche lei ...
11  Parliamo francese e tedesco. Anche lei ...
12  Accetta? Anch'io ...

*Note*    *Some verbs conjugated like* capire:
condire  *to season*          spedire  *to send*
pulire  *to clean*            finire  *to finish*
restituire  *to give back*    preferire  *to prefer*

BEATRICE   ospite
ROSA   cameriera
SIGNORA CIOFFI

| | |
|---|---|
| BEATRICE | Permesso? |
| SIGNORA | Chi è? |
| BEATRICE | Sono io, Beatrice. |
| SIGNORA | Avanti, Beatrice! Prego, si accomodi. È stanca dopo un viaggio così lungo? |
| BEATRICE | Mica tanto. Cosa fa signora? |
| SIGNORA | Apparecchio la tavola. Il pranzo è quasi pronto. |
| BEATRICE | Che bei fiori in questi vasi! |
| SIGNORA | Sì. Qui d'estate abbiamo sempre molti fiori. È soddisfatta della camera? |
| BEATRICE | Molto. Posso aiutarla, signora? |
| SIGNORA | Sì, grazie. I piatti e le posate sono in cucina, il pane è lì dentro. Cosa c'è per primo, Rosa? |
| ROSA | Per primo ci sono gli spaghetti; per secondo delle buone patate e del manzo arrosto. |
| SIGNORA | Allora: forchette e coltelli, Beatrice. |
| ROSA | Ecco i bicchieri. Quanto tempo rimane in Italia, signorina? Molto? |
| BEATRICE | Fino a sabato. Domenica mattina parto per Parigi. |
| SIGNORA | Così presto? Ma oggi è giovedì! Tre giorni non bastano per vedere i musei, le gallerie d'arte, e le vie più importanti della città. |
| BEATRICE | Ma sì! Domani mattina vado in centro. Compro tutti i regali, così ho venerdì e sabato completamente liberi. |
| SIGNORA | Peccato! Un soggiorno in Italia così breve! |
| BEATRICE | Un attimo. Prendo l'olio e l'aceto. Dove sono i tovaglioli? |
| SIGNORA | L'insalata è già condita. I tovaglioli sono sulla tavola. Ecco. Ora c'è tutto: il sale c'è, il pepe c'è, i bicchieri ci sono. Ah . . . il vino non c'è! Dov'è il vino, Rosa? Il vino per favore, e del ghiaccio per l'acqua! |
| BEATRICE | La mattina, a che ora fate colazione? |
| SIGNORA | Di solito alle sette perchè i ragazzi vanno a scuola presto. Ma quando sono in vacanza facciamo colazione più tardi: verso le nove. Pranziamo all'una e ceniamo alle otto. |
| ROSA | Ecco, signora: il ghiaccio, il vino rosso e l'acqua minerale. |
| SIGNORA | Ora abbiamo tutto. Prego Beatrice, si accomodi. Buon appetito! |
| BEATRICE | Grazie, altrettanto. |

## Notes

ospite (*masc & fem*)  *guest*
cameriera  *maid*
permesso?  *may I come in?*
Chi è? Sono io.  *Who is it? It's me.*
Avanti! Prego si accomodi.  *Come in! Please
   sit down*
stanco  *tired*
dopo un viaggio così lungo  *after such a long
   journey*
mica tanto  *not particularly*
cosa fa . . .?  *what are you doing . . .?*
apparecchio la tavola  *I'm laying the table*
pranzo  *lunch*
quasi pronto  *almost ready*
che bei fiori (il fiore)  *what beautiful flowers*
vaso  *vase*
d'estate  *in summer*
molti (*fem:* molte)  *many*
soddisfatta della camera  *satisfied with the
   room*
posso aiutarla?  *may I help you?*
piatto, (le) posate, forchetta, coltello  *plate,
   cutlery, fork, knife*
cucina  *kitchen*
*il* pane  bread
lì dentro,  *in there*
cosa c'è per primo (piatto)?  *what is there for
   first course?*
c'è . . . ci sono . . .  *there is . . .  there
   are . . .*
*gli* spaghetti  *spaghetti*
per secondo (piatto)  *for second course*
delle buone patate  *some good potatoes*
manzo arrosto  *roast beef*
*il* bicchiere  *glass*
quanto tempo rimane in Italia?  *how long are
   you staying in Italy?*
molto  *a long time*
fino a  *until*
sabato, domenica, giovedì, venerdì  *Saturday,
   Sunday, Thursday, Friday*
mattina  *morning*
parto per . . .  *I'm leaving for . . .*
così presto?  *so soon?*
giorno  *day*
per vedere  *in order to see*
museo, galleria d'arte  *museum, art gallery*
le vie più importanti della città  *the most
   important streets in the town*

ma sì  *of course they are*
domani  *tomorrow*
vado in (*or* al) centro  *I'm going to the centre,
   to town*
compro (comprare)  *I'm buying*
tutti i regali  *all the presents*
così  *in this way*
completamente  *completely*
libero  *free*
peccato  *a pity*
soggiorno  *stay*
così breve  *so short*
*un* attimo  *one moment*
olio, aceto  *oil, vinegar*
*il* sale, il pepe  *salt, pepper*
tovagliolo  *serviette*
*l'* insalata è già condita  *the salad is already
   seasoned*
sulla tavola  *on the table*
ora c'è tutto  *now there's everything*
vino  *wine*
dov'è . . .? dove sono?  *where is . . .? where
   are?*
per favore  *please*
*del* ghiaccio  *some ice*
acqua  *water*
la mattina, a che ora fate colazione?  *What
   time do you have breakfast in the morning?*
di solito  *usually*
alle sette  *at seven o'clock*
perchè  *because*
ragazzo  *boy*
i ragazzi vanno a scuola presto  *the boys go
   to school early*
quando  *when*
in vacanza  *on holiday*
facciamo colazione più tardi  *we have breakfast later*
verso le nove  *about nine o'clock*
pranziamo (pranzare) all'una  *we have lunch
   at one o'clock*
ceniamo (cenare) alle otto  *we have dinner at
   eight o'clock*
acqua minerale  *mineral water (i.e. Vichy
   water)*
buon appetito!  *have a good meal (always said
   before meals)*
altrettanto (a lei)  *the same to you*

**Exercises and practice**

**A** ESSERE

Complete with the appropriate part of *essere*.
*T.* Chi è?    *... loro.*
*S.* Sono loro.

| | | | | |
|---|---|---|---|---|
| 1 | Chi è? | *... io.* | 5 | Chi è? | *... lui.* |
| 2 | Chi è? | *... Maria.* | 6 | Chi è? | *... noi.* |
| 3 | Chi è? | *Ah, ... lei!* | 7 | Chi è? | *Ah, ... voi!* |
| 4 | Chi è? | *... il professore.* | 8 | Chi è? | *... Roberto e Anna.* |

**B** DEL/DELLA/DELLO/DELL'

Add a question to your request.
*T.* Vorrei del vino.
*S.* Ha del vino?

1 Vorrei del filetto.
2 Vorrei del sale.
3 Vorrei del pepe.
4 Vorrei della birra.
5 Vorrei della limonata.

6 Vorrei dell'acqua.
7 Vorrei dell'aranciata.
8 Vorrei dell'olio.
9 Vorrei dell'aceto.
10 Vorrei dello zucchero.

**C** DEL/DELLA/DELLO/DELL'

*T.* Non c'è più zucchero?
*S.* Ma sì che c'è dello zucchero. È lì dentro.

1 Non c'è più vino?
2 Non c'è più aranciata?
3 Non c'è più acqua?
4 Non c'è più tè?
5 Non c'è più caffè?

6 Non c'è più insalata?
7 Non c'è più zucchero?
8 Non c'è più olio?
9 Non c'è più pane?
10 Non c'è più limonata?

**D** NON ... PIÙ

*T.* Quanto caffè c'è?    *... tè.*
*S.* Non c'è più caffè, ma c'è del tè.

1 Quanta limonata c'è?    *... aranciata.*
2 Quanta margarina c'è?    *... burro.*
3 Quanto pepe c'è?   *... sale.*
4 Quanto olio c'è?    *... aceto.*
5 Quanta birra c'è?    *... vino.*
6 Quanto zucchero c'è?    *... saccarina.*

**E**  QUANTI/QUANTE

You are given the answer and have to supply the question.

*T.* In questa camera ci sono tre vasi.
*S.* Quanti vasi ci sono in questa camera?

*T.* Lì ci sono molte macchine.
*S.* Quante macchine ci sono lì?

1  In questa città ci sono molti musei.
2  Sulla tavola ci sono dodici bicchieri.
3  A scuola ci sono cinquecento ragazzi.
4  Lì dentro ci sono venti forchette.
5  Qui ci sono molti signori.

6  Lì ci sono molti ragazzi.
7  Lì dentro ci sono molte fotografie.
8  In Italia ci sono molti turisti.
9  D'estate ci sono molte commesse.
10  In questo vaso ci sono molti fiori.

**F**  BELLO/BELLA/BELLI/BELLE

| *singular* | *plural* |
|---|---|
| *T.* Che bel fiore! | Che bei fiori! |
| *S.* Com'è bello questo fiore! | Come sono belli questi fiori! |
| *T.* Che bella cucina! | Che belle cucine! |
| *S.* Com'è bella questa cucina! | Come sono belle queste cucine! |

1  Che bel vestito!
2  Che bel cappello!
3  Che bel ragazzo!
4  Che bel museo!
5  Che bella macchina!
6  Che bella camera!
7  Che bella cravatta!
8  Che bella città!
9  Che bell'orologio!
10  Che bell'uomo!

11  Che bel vaso!
12  Che bella via!
13  Che belle camere!
14  Che belle posate!
15  Che bei piatti!
16  Che begli orologi!*
17  Che bei coltelli!
18  Che bei bicchieri!
19  Che bei regali!
20  Che bei tovaglioli!

* *begli* before masc. plural nouns beginning with a vowel, z or s+consonant.

**G**  BEL/BELLO/BELLA/BELL'/BEI/BELLE/BEGLI

*T.* Questo vestito è molto bello.
*S.* Che bel vestito!

1  Questo vaso è molto bello.
2  Questo bicchiere è molto bello.
3  Questo cappello è molto bello.
4  Questa camicia è molto bella.
5  Questa borsa è molto bella.
6  Questa signorina è molto bella.
7  Questi sandali sono molto belli.
8  Questi calzini sono molto belli.

9  Questi vasi sono molto belli.
10  Queste posate sono molto belle.
11  Queste fotografie sono molto belle.
12  Quest'orologio è molto bello.
13  Quest'insalata è molto bella.
14  Quest'uomo è molto bello.
15  Questi uomini sono molto belli.

**H**  C'È/CI SONO   NON C'È/NON CI SONO

Answer as example, adding *Mi dispiace* (I am sorry) when a person is used in an answer requiring the negative.

|  *T.* |  *S.* |
|---|---|
| C'è l'acqua minerale? Sì. ... | Sì. C'è. |
| C'è lo zucchero?      No. ... | No. Non c'è. |
| C'è il professore?    No. ... | No. Mi dispiace, non c'è. |
| Ci sono le tazze?     Sì. ... | Sì. Ci sono. |

1  C'è Roberto? Sì. ...
2  C'è Laura? Sì. ...
3  C'è la signora? No. ...
4  C'è il vino? No. ...,
5  C'è il vaso? No. ...
6  C'è il museo? Sì. ...
7  C'è la scuola? Sì. ...
8  C'è il gelato? No. ...

9  Ci sono i signori Cioffi? Sì. ...
10  Ci sono gli spaghetti? Sì. ...
11  Ci sono le patate? No. ...,
12  Ci sono i tovaglioli? No. ...
13  Ci sono i giornali? Sì. ...
14  Ci sono i fratelli di Roberto? No. ...
15  Ci sono le sorelle di Laura? Sì. ...
16  Ci sono le fotografie? No. ...

**I**  PARTO PER

After the pronouns which are given, use the correct form of *partire*.

1  (Lei) parte per Firenze? Anch'io ...
2  Roberto e Laura partono per Firenze? Anche lui ...
3  (Voi) partite per Firenze? Anche loro ...
4  (Noi) partiamo per Parigi? Anche lei ...
5  (Voi) partite per Londra? Anche noi ...
6  (Loro) partono per Roma? Anche voi ...

**J**  PARTIRE + days and adverbs of time

Answer according to the person of the question. (See Chapter 2 Exercise I)

1  Roberto parte domani?
2  Partite sabato?
3  Partono giovedì?
4  Partite oggi?
5  Parte ora, signora?
6  Parte più tardi, signore?
7  Partite lunedì?
8  Partono domenica?

No.—giovedì.
No.—domenica.
No.—venerdì.
No.—domani.
No.—più tardi.
No.—ora.
No.—domenica.
No.—domani mattina.

**K** SOLO

Answer according to the person of the question (see Chapter 2, Ex. **I**) using SOLO with the last of each pair of nouns.

*T.* Parla italiano e tedesco, signora?
*S.* No. Parlo solo tedesco.

| | | | |
|---|---|---|---|
| 1 | Capisce il tedesco e l'italiano? | 6 | I signori hanno i gelati e le granite? |
| 2 | Parla francese e italiano? | 7 | Roberto vuole l'insalata e le patate? |
| 3 | Ha la rivista e il giornale? | 8 | Prendete il vino e l'acqua minerale? |
| 4 | Avete i sandali e i calzini? | 9 | Laura vuole il giornale e la rivista? |
| 5 | Avete le aranciate e le limonate? | 10 | Compra le forchette e i coltelli? |

**L** NON . . . MAI

*T.* Non è libero?
*S.* Ma non è mai libero!

| | | | |
|---|---|---|---|
| 1 | Non è stanco? | 6 | Non sono stanchi? |
| 2 | Non è soddisfatto? | 7 | Non sono soddisfatti? |
| 3 | Non è pronto? | 8 | Non sono pronti? |
| 4 | Non è condita? | 9 | Non sono condite? |
| 5 | Non è elegante? | 10 | Non sono eleganti? |

## Note

### PERMETTERE

Apart from its meaning 'to allow' notice these two uses:

A   *Permesso?* (past participle) means 'Excuse me, please', when you want someone to move aside to let you pass. It may also mean: 'May I come in?' or 'Excuse me a moment'.

| | |
|---|---|
| Permesso? | *May I come in?* |
| Avanti! | *Yes, come in!* |
| Allora, permesso. Ci vedremo dopo. | *Excuse me then. We'll see each other later.* |

B   *Permette? Permetti?* etc. means 'May I?' when you want to glance at or take someone else's paper, photos, etc.

### ARRIVEDERLA

This is often used instead of ARRIVEDERCI but only when saying 'goodbye' to one single person, and this person is being addressed by the LEI form.

Signora CIOFFI
Dottor CIOFFI marito della signora CIOFFI
RENATO e LUIGI i loro figli
BEATRICE

| | |
|---|---|
| SIGNORA | Beatrice! La colazione è pronta! |
| BEATRICE | Anch'io sono pronta, Faccio colazione e poi vado subito in centro. Renato e Luigi cosa fanno oggi, signora? Vanno a scuola? |
| SIGNORA | No. Sono in vacanza per una settimana. Vanno al mare. Ah, ecco i ragazzi! Avete tutto, ragazzi? |
| RENATO | Sì, mamma. Abbiamo il pane, il formaggio e la frutta. |
| SIGNORA | Cosa c'è nella borsa verde? |
| RENATO | Gli asciugamani, i costumi da bagno, gli zoccoli, il pallone . . . |
| SIGNORA | I soldi per le aranciate sono sulla tavola; i fazzoletti puliti sono sulla sedia in corridoio. |
| BEATRICE | Come state, ragazzi? |
| RENATO | Quando non andiamo a scuola, stiamo sempre bene. |
| BEATRICE | I ragazzi non fanno colazione, signora? |
| SIGNORA | Mai prima del bagno. Fanno colazione sulla spiaggia, dopo il bagno. |
| LUIGI | Dove sono gli occhiali da sole, mamma? Se l'acqua è fredda, io non faccio il bagno. |
| SIGNORA | Sulla tavola vicino ai soldi per le aranciate. |
| LUIGI | Non ci sono. Ho guardato sulla tavola. Ho guardato dappertutto: nella sala da pranzo, in cucina, nell'armadietto del bagno, sul divano, sulle poltrone, persino sotto il letto. Non ci sono. |
| RENATO | Sono lì sul libro. |
| LUIGI | Dove? |
| RENATO | Lì. Nel cassetto della scrivania. |
| LUIGI | Ho guardato nel cassetto della scrivania. Non ci sono. |
| BEATRICE | Un momento. Ci sono degli occhiali nello studio sullo scaffale piccolo. |
| RENATO | Non importa. Su, andiamo Luigi! È tardi. |
| LUIGI | Andiamo! Ciao, mamma. A più tardi. Arrivederla, signorina Beatrice. |
| BEATRICE | Arrivederci. ragazzi. A più tardi. (*Beatrice parte.*) |
| | |
| SIGNORA | Che ore sono, Beatrice? Sono le undici? |
| BEATRICE | Non ancora, signora. Sono le undici meno un quarto. |
| SIGNORA | Quando parte il treno? |
| BEATRICE | A mezzogiorno. È ancora presto. Quanto ci vuole per andare alla stazione? |

SIGNORA     Ci vuole mezz'ora. Ha tre quarti d'ora per preparare le valigie, salutare gli amici e fare il biglietto.

SIGNORA     Perchè tanto tempo, caro? Sono le undici e un quarto. Mezz'ora per comprare un pacchetto di sigarette!

DOTTORE     Non solo un pacchetto di sigarette, cara. Anche una scatola di cerini, due cartoline e due francobolli! Beatrice a che ora parte?

SIGNORA     Col treno delle dodici. E adesso sono già le undici e venti.

DOTTORE     E allora? Abbiamo ancora quaranta minuti di tempo. Per andare alla stazione ci vogliono cinque minuti.

SIGNORA     Per andare alla stazione non ci vogliono cinque minuti. Ci vuole mezz'ora!

DOTTORE     Esagerata! Ci vogliono dieci minuti . . . massimo un quarto d'ora. E poi il treno arriva sempre in ritardo. Ah, ecco Beatrice! A che ora parte, Beatrice?

BEATRICE    Parto alle dodici e arrivo a Parigi a mezzanotte.

DOTTORE     C'è tempo, dunque. Questi cerini e queste sigarette sono per il viaggio, Beatrice.

BEATRICE    Oh, grazie! Lei è molto gentile.

DOTTORE     Prego.

## Notes

*gli* occhiali  *glasses*
*il* dottor . . . dottore  *doctor* (not necessarily of medicine)
marito  *husband*
*i* loro figli  *their children*
*la* colazione, faccio colazione  *breakfast, I have breakfast*
poi  *then*
subito  *straight away, immediately*
cosa fanno oggi?  *what are they doing today?*
vanno a scuola?  *are they going to school?*
settimana  *week*
*il* mare, al mare  *sea, to the sea, seaside*
mamma  *mummy, mother*
formaggio, frutta  *cheese, fruit*
*nella* borsa verde  *in the green bag*
asciugamano  *towel*
*il* costume da bagno  *bathing trunks*
*lo* zoccolo, il pallone  *(wooden) beach sandal, ball*
*sulla* tavola  *on the table*
pulito  *clean*
sedia  *chair*
corridoio  *passage, corridor, hall*
come state? (*pl*)  *how are you?*
stiamo sempre bene  *we are always well*
fanno colazione  *they have breakfast*
mai prima del bagno  *never before swimming, bathing*
spiaggia  *beach*
dopo  *after*

*gli* occhiali da sole  *sunglasses*
se  *if*
freddo  *cold*
faccio il bagno  *I bathe, I swim, I go for a swim*
vicino ai soldi  *by the money*
ho guardato dappertutto  *I've looked everywhere*
*nella* sala da pranzo, in cucina,  *in the dining room, in the kitchen*
*nell'*armadietto del bagno, sul divano, sulle poltrone, sotto il letto  *in the bathroom cabinet, on the sofa, on the armchairs, under the bed*
persino  *even*
*sul* libro  *on the book*
*nel* cassetto della scrivania  *in the drawer of the desk*
un momento  *just a minute*
degli  *some*
*nello* studio sullo scaffale  *in the study on the shelf*
Su! Andiamo!  *Come on! Let's go!*
tardi  *late*
ciao  *goodbye*
a più tardi  *see you later*
arrivederci (*sing or pl*), arriverla (*sing only*)  *goodbye*
che ore sono? sono le undici  *what time is it? it's eleven o' clock*
non . . . ancora  *not yet*

sono le *u*ndici meno un quarto   *it's a quarter to eleven*
treno   *train*
a mezzogiorno   *at midday*
è ancora presto   *it's still early*
quanto (tempo) ci vuole per andare alla stazione?   *how long does it take to go to the station?*
ci vuole mezz'ora   *it takes half an hour*
tre quarti d'ora   *three-quarters of an hour*
preparare le va*l*igie   *to pack (the cases)*
salutare gli amici   *to say goodbye to (your) friends*
fare il biglietto   *to buy, get a ticket*
tanto tempo   *so long*
caro, cara   *dear*
le *u*ndici e un quarto   *a quarter past eleven*
per comprare   *(in order) to buy*
*un* pacchetto di sigarette   *a packet of cigarettes*
*una* scatola di cerini   *a box of (wax) matches*

cartolina, francobollo   *postcard, stamp*
a che ora   *at what time*
*col* treno delle dodici   *by the twelve o'clock train*
adesso   *now*
sono già le *u*ndici e venti   *it's already twenty past eleven*
e allora?   *what if it is?*
abbiamo ancora quaranta minuti di tempo   *we still have another forty minutes*
ci v*o*gliono cinque minuti   *it takes, we need, five minutes*
esagerata!   *you're exaggerating!*
al m*a*ssimo un quarto d'ora   *a quarter of an hour at the most*
arriva in ritardo   *it arrives late*
alle dodici   *at twelve o'clock*
arrivo a Parigi a mezzanotte   *I arrive in Paris at midnight*
c'è tempo, dunque   *so there's time*
viaggio   *journey*

## Exercises and practice

**A**   DOV'È/ DOVE SONO . . .?

You supply the question.

*T.* L'amica di Beatrice è nell'autobus.
*S.* Dov'è l'amica di Beatrice?

*T.* Le amiche di Beatrice sono nell'autobus.
*S.* Dove sono le amiche di Beatrice?

1  L'aranciata è nel bicchiere.
2  L'amico di Luigi è nell'autobus.
3  L'amica di Laura è nella sala da pranzo.
4  L'insalata è nella borsa.
5  Lo zucchero è nella scatola.
6  Lo zoccolo è nell'acqua.
7  L'orologio è nello studio.
8  Lo scaffale è nello studio.
9  Le fotografie sono nella camera di Rosa.
10  Gli amici di Luigi sono nell'autobus.
11  Le amiche di Laura sono nella sala da pranzo.
12  Gli zoccoli sono nell'acqua.
13  Gli orologi sono nell'altro cassetto.
14  Gli scaffali sono nello studio.
15  Gli spaghetti sono nel piatto.
16  Gli autobus sono lì.
17  Gli armadietti sono nel bagno.
18  Gli occhiali sono nel cassetto.

19 Gli asciugamani sono nella valigia.
20 Gli amici del professore sono nella galleria d'arte.

**B** C'È/ CI SONO

Change the word order of the statements in Exercise **A** using *c'è ... or ci sono ...* as in examples.

*T.* L'aranciata è nel bicchiere. (No. 1)
*S.* Nel bicchiere c'è l'aranciata.

*T.* Le fotografie sono nella camera di Rosa (No. 9).
*S.* Nella camera di Rosa ci sono le fotografie.

**C** COSA C'È/ CHI C'È ...?

With the statements you have formed in Exercise **B** you can now ask the question *cosa c'è* for things and *chi c'è* for persons.

*T.* Nella camera di Rosa ci sono le fotografie.
*S.* Cosa c'è nella camera di Rosa?

*T.* Nella sala da pranzo ci sono le amiche di Laura.
*S.* Chi c'è nella sala da pranzo?

**D** L'/LO/GLI

*T.* Sulla sedia c'è un asciugamano.
*S.* L'asciugamano è sulla sedia.

*T.* Sulla sedia ci sono degli asciugamani.
*S.* Gli asciugamani sono sulla sedia.

1 Sul letto c'è uno zoccolo.
2 Sulla scrivania c'e un'aranciata.
3 Sulla poltrona c'è un orologio.
4 Sul divano c'è un asciugamano.
5 Sullo scaffale ci sono degli orologi.
6 Sull'armadietto ci sono degli occhiali.
7 Sulla spiaggia ci sono degli asciugamani.
8 Sull'asciugamano ci sono degli zoccoli.

**E** NEL/NELL'/NELLA/NELLO

*T.* Ecco il libro. Ecco la scrivania.
*S.* Il libro è nella scrivania.

*T.* Ecco i libri. Ecco la scrivania.
*S.* I libri sono nella scrivania.

1 Ecco l'acqua. Ecco il bicchiere.
2 Ecco il ghiaccio. Ecco il vino.
3 Ecco gli scaffali. Ecco lo studio.
4 Ecco i libri. Ecco la borsa.
5 Ecco le sigarette. Ecco il pacchetto.
6 Ecco i cerini. Ecco la scatola.
7 Ecco i fiori. Ecco il vaso.
8 Ecco i calzini. Ecco il cassetto.
9 Ecco gli zoccoli. Ecco l'asciugamano.
10 Ecco il ghiaccio. Ecco l'acqua.
11 Ecco gli occhiali. Ecco la valigia.
12 Ecco le sterline. Ecco la borsa.
13 Ecco i turisti. Ecco il museo.
14 Ecco il letto. Ecco la camera.
15 Ecco gli spaghetti. Ecco il piatto.

**F** SUL/SULL'/SULLA/SULLO

As Exercise **E** but using *su* + article

1 Ecco i fazzoletti. Ecco il pigiama.
2 Ecco il pigiama. Ecco il letto.
3 Ecco il giornale. Ecco l'asciugamano.
4 Ecco il bicchiere. Ecco l'armadietto.
5 Ecco il libro. Ecco l'altra tavola.
6 Ecco l'orologio. Ecco la scrivania.
7 Ecco il pacchetto. Ecco la poltrona.
8 Ecco la fotografia. Ecco lo scaffale.
9 Ecco il tovagliolo. Ecco lo zucchero.
10 Ecco il coltello. Ecco il piatto.
11 Ecco il francobollo. Ecco la cartolina.
12 Ecco il regalo. Ecco la sedia.

**G** QUANTO TEMPO CI VUOLE?/ CI VUOLE/CI VOGLIONO

*a.* Add a question to the statement as in the example.
*b.* Answer the question you have formed by using the time required supplied between the brackets.

*ci vuole* for the singular (*un'ora*, *un minuto*, etc.).
*ci vogliono* for the plural (*due ore*, *cinque minuti*, etc.).

*T.* Vado alla stazione . . . (*10 minuti*)
*S.* Quanto tempo ci vuole per andare alla stazione?
*S.* Ci vogliono dieci minuti.

1 Vado alla spiaggia ...      (*2 minuti*).
2 Vado al mare ...      (*un'ora*).
3 Vado al bagno ...      (*2 ore*).
4 Vado allo studio di Roberto ...      (*un quarto d'ora*).
5 Vado a Parigi ...      (*un giorno*).
6 Vado a Londra ...      (*6 ore*).
7 Vado a Firenze ...      (*4 ore*).
8 Vado in Italia ...      (*12 ore*).
9 Vado in città ...      (*mezz'ora*).
10 Vado in centro ...      (*tre quarti d'ora*).

**H** A CHE ORA ...?

You supply the question, choosing the right person to fit the answer as in the example.

*T.* Il treno per Roma parte alle nove.     *T.* Arriviamo a Roma alle nove.
*S.* A che ora parte il treno per Roma?     *S.* A che ora arrivate a Roma?

*T.* Faccio colazione alle sette.
*S.* A che ora fa colazione?

1 Il treno per Firenze parte alle dieci e mezzo.
2 I due treni per l'Inghilterra partono alle nove e un quarto.
3 I due treni per l'Italia partono alle dieci.
4 I ragazzi partono alle sette e mezzo.
5 Il treno per Parigi parte alle sei.

6  Arrivano a scuola alle otto.
7  Arrivano in centro alle otto meno un quarto.
8  Maria fa colazione alle nove.
9  Renato e Luigi fanno colazione alle nove meno dieci.
10  Rosa apparecchia la tavola all'una.
11  Facciamo colazione alle otto e un quarto.
12  Paolo prende il tè alle cinque.
13  Arrivo da (from) Venezia alle tre e dieci.
14  Il professore arriva da Roma alle cinque e venti.
15  Arrivo dall'Italia alle due meno venti.

**I**   CHE ORE SONO? (See also Chapter 11)

*T.* 1.30                                    *T.* 2.00
*S.* È l'una e mezzo (*or* mezza).           *S.* Sono le due.

| 1 | 12.00 | 4 | 4.30 | 7 | 7.15 |
| 2 | 12.45 | 5 | 7.00 | 8 | 2.45 |
| 3 | 3.00 | 6 | 1.00 | 9 | 1.15 |
| | | | | 10 | 5.00 |

**J**   PERCHÈ NON ...?

You supply the question choosing the right person to fit the answer.

*T.* Non parto per Roma.                     *T.* Non partiamo per l'Italia.
*S.* Perchè non parte per Roma?              *S.* Perchè non partite per l'Italia?

1  Non parto per Firenze.               7   Non prendo il treno.
2  Non parto per Londra.                8   Non prendo l'autobus.
3  Non parto per Parigi.                9   Non partiamo per Genova.
4  Non faccio colazione.               10   Non partiamo per Siena.
5  Non faccio il biglietto.            11   Non facciamo le valigie.
6  Non faccio il bagno.                12   Non facciamo il caffè.

Dottor BIANCHI
DANIELA    amica del dottor Bianchi
MARISA     amica di Daniela
Signora NUZZO

| | |
|---|---|
| DOTT. B. | Buongiorno, signorina Daniela! |
| DANIELA | Buongiorno, dottor Bianchi! Cosa fa qui alla stazione? |
| DOTT. B. | Parto per Roma dove ho un congresso. E lei dove va? |
| DANIELA | Ogni domenica vado dai miei nonni che hanno una villetta in campagna. Ma lei, dottore, lavora anche oggi? Oggi è festa! |
| DOTT. B. | No, oggi viaggio: domani invece, che è lunedì, incomincia il congresso. Dura fino a mercoledì. E lei, quanto rimane in campagna? |
| DANIELA | Di solito torno a casa lo stesso giorno, ma questa volta rimango una settimana, fino a sabato. E se il tempo è bello, rimango una quindicina di giorni. Dipende sempre dal tempo. |
| DOTT. B. | Che bella vita! Io invece lavoro sempre. Ho spesso congressi a Roma, ho la clinica a Terni, i miei ammalati: la mia vita è molto intensa. |
| DANIELA | E la sua famiglia? Come stanno sua moglie e i suoi bambini? |
| DOTT. B. | Adesso sono al mare. D'estate passano sempre qualche giorno ad Ostia quando i miei impegni mi tengono lontano da casa. Ma non parliamo di lavoro. Andiamo a mangiare invece! C'è tempo per il treno, no? Conosco una bella trattoria. Viene anche lei? |
| DANIELA | Sì, volentieri. Ma prima aspetto una mia amica. Facciamo il viaggio insieme. È mia ospite per quattro giorni. |
| DOTT. B. | La sua amica non è Marisa? Eccola vicino alla sala d'aspetto, ma non conosco quel bel bambino che è con lei. Non è il suo fratellino. Chi è? |
| DANIELA | È il figlio di una nostra collega. Anche lui viene in campagna. |
| MARISA | Ciao Daniela! Buongiorno dottore! Da quale binario parte il nostro treno, Daniela? |
| DANIELA | Dal binario numero . . . |
| DOTT. B. | Ma voi partite subito? Io e Daniela andiamo a mangiare. E lei, Marisa, cosa fa? Viene con noi? |
| MARISA | Sì, volentieri. Vengo con voi, ma i nostri bagagli sono pesanti. Perchè non mettiamo prima le valigie in treno? |
| DANIELA | Buona idea! Andiamo prima al binario numero sette dove c'è già il treno. Dopo mangiamo. Dottore, la trattoria è lontana? |
| DOTT. B. | No, non è lontana; anzi è molto vicina. E il padrone è un mio caro amico. Conosce bene anche mia moglie. |
| DANIELA | Mamma mia, quante valigie! Cos'è questo, Marisa? |

MARISA          È un regalo per tuo nonno.

SIGNORA N.      Oh, dottore! Che fortuna! Cerchiamo un medico e lei è proprio qui.
                Una donna è svenuta! È nella sala d'aspetto.

DOTT. B.        Allora, andiamo subito! Il mio pranzo può aspettare. Marisa e Daniela
                certo accettano le mie scuse. Un medico ha i suoi doveri!

## È libera stasera?

ROBERTO

ANNA

ROBERTO         Anna, che giorno è oggi?

ANNA            Vediamo un po': dunque, ieri era venerdì. Oggi è sabato. È il due agosto.
                Perchè?

ROBERTO         Il dieci c'è una piccola festa dai miei cugini. Lei viene?

ANNA            Purtroppo il nove parto per la montagna. Parto il nove e ritorno il trenta.
                Peccato!

ROBERTO         Sì, peccato. Comunque, ci vediamo domani sera?

ANNA            Domani sera ho un impegno.

| | |
|---|---|
| ROBERTO | Lunedì, allora? Lunedì mattina davanti all'entrata principale della stazione. |
| ANNA | Lunedì è dopodomani. La mattina vado all'università e la sera a teatro con i miei genitori. |
| ROBERTO | Cosa fa martedì? È libera martedì? |
| ANNA | No. Purtroppo sono impegnata anche martedì. Mi dispiace, Roberto. |
| ROBERTO | Beh, pazienza! Arrivederla allora, e buon viaggio! |
| ANNA | Ma mercoledì . . . mercoledì sono libera. Mercoledì pomeriggio o giovedì sera. Se va bene per lei . . . |
| ROBERTO | Per me va benissimo. Passo da lei mercoledì verso le tre! |
| ANNA | D'accordo, Roberto. |
| ROBERTO | Allora, arrivederci! |

## Notes

*alla* stazione   *at the station*
  buongiorno (*or* buon giorno) *good-day/ morning*
  dove va? *where are you going?*
  congresso *congress*
  ogni *every*
  vado dai miei nonni che hanno una villetta in campagna *I go to my grandparents who have a cottage in the country*
  lavora (lavorare)? *do you work?*
  festa *public holiday, party*
  viaggio (viaggiare) *I travel*
  invece *on the other hand, but*
  che è lunedì *which is Monday*
  incomincia (incominciare) *begins*
  dura (durare) fino a *lasts until*
  domenica, lunedì, martedì, mercoledì, giovedì, venerdì, sabato *Sunday, Monday, Tuesday, Wednesday, Thursday, Friday, Saturday*
  quanto rimane . . .? (rimanere) *how long are you staying . . .?*
  torno (tornare) a casa *I return home*
  lo stesso giorno *on the same day*
  questa volta *this time*
  rimango una settimana *I am staying a week*
  se il tempo è bello *if the weather is fine*
  una quindicina di giorni *about a fortnight*
  dipende dal tempo *it depends on the weather*
  sempre *always*
  che bella vita! *what a lovely life!*
  lavoro (lavorare) *I work*
  spesso *often*
*a* Roma *in Rome*
  clinica *clinic, hospital*
  ammalato *patient*
*la* mia vita *my life*
  intenso *intense, full*
*la* sua famiglia *your family*

  come stanno? (stare) *how are . . . ?*
*sua* moglie, i suoi bambini *your wife, your children*
*al* mare *at the seaside*
  passano (passare) *they spend*
  qualche giorno ad Ostia *some days at Ostia*
*i* miei impegni mi tengono (tenere) lontano da casa *my engagements keep me away from home*
  non parliamo di lavoro *let's not talk about work*
  andiamo (andare) a mangiare *let's go and eat*
  invece *instead*
  c'è tempo . . . no? *there's time . . . isn't there?*
  conosco, conosce (conoscere) *I know, he knows*
  trattoria *restaurant*
  viene, vengo (venire) *you come, I come*
  viene anche lei? *are you coming too?*
  volentieri *yes, I'd love to*
  prima aspetto (aspettare) una mia amica *first I (must) wait for a friend of mine*
  facciamo il viaggio insieme *we are making the journey together*
*la* sua amica *your friend*
  eccola vicino alla sala d'aspetto *there she is by the waiting room*
  quel bel bambino che è con lei *that beautiful child who is with her*
*il* suo fratellino *her little brother*
  chi è? *who is he?*
  figlio di una nostra collega *son of a colleague of ours*
  ciao *hullo, goodbye (familiar form)*
*da* quale binario parte il nostro treno? *from which platform does our train leave?*
*dal* binario numero sette *from platform seven*
  andiamo a mangiare *we are going to eat*

con noi, con voi   *with us, with you*
*i* nostri bagagli   *our luggage*
pesante   *heavy*
mettiamo (mettere)   *we put*
buona idea!   *good idea!*
già   *already*
dopo   *afterwards, after*
lontano, vicino   *far (from here), near*
anzi   *on the contrary*
*il* padrone   *owner*
*un* mio caro amico   *a dear friend of mine*
mamma mia!   *my goodness!*
cos'è?   *what is . . .?*
regalo   *present*
*per* tuo nonno   *for your grandfather*
che fortuna!   *how lucky!*
cerchiamo (cercare) un medico   *we are looking for a doctor*
proprio qui   *right here*
una donna è svenuta   *a woman has fainted*
può (potere)   *(it) can*
certo accettano (accettare) le mie scuse   *they (will) certainly accept my apologies*
ha i suoi doveri   *(he) has his duties*
libero, impegnato   *free, engaged*
stasera, domani, dopodomani, ieri   *this evening, tomorrow, the day after tomorrow, yesterday*
che giorno è oggi? (*see note below*)   *what's the day today?*
vediamo un po'   *let's see*
dunque . . . era   *well then . . . it was*
*il* due agosto   *the second of August*
*una* festa dai miei cugini   *a party at my cousins' place*

purtroppo   *unfortunately*
montagna   *mountain*
ritorno (ritornare)   *I am returning*
peccato!   *a pity!*
comunque, ci vediamo domani sera?   *however, shall I see you tomorrow night?* (lit: *we see each other*)
impegno   *engagement*
davanti all'entrata principale   *in front of the main entrance*
*la* mattina, la sera   *in the morning, in the evening*
all'università, a teatro   *to the university, to the theatre*
con i miei genitori   *with my parents*
beh! pazienza!   *well! that's life!*
*buon* viaggio   *have a good journey*
pomeriggio   *afternoon*
se va bene per lei   *if it's all right by you*
per me va benissimo   *for me, it's fine*
passo (passare) da lei . . . verso   *I'll call on you . . . at about*
d'accordo   *agreed*

**Note on the date**

Il primo agosto. = *1st August.*
BUT il due, il tre, etc. = *2nd, 3rd, etc.*
Quanti ne abbiamo oggi? = *What's the date today?*
Ne abbiamo tre. = *It's the third.*

I mesi dell'anno (*the months of the year*): gennaio, febbraio, marzo, aprile, maggio, giugno, luglio, agosto, settembre, ottobre, novembre, dicembre.

**Exercises and practice**

**A**   SCUSI, DA QUALE BINARIO PARTE . . .?

*T.* Vado a Venezia.
*S.* Scusi, da quale binario parte il treno per Venezia?

1  Vado a Firenze.
2  Vado a Parigi.
3  Andiamo a Milano.
4  Andiamo a Torino.
5  Andiamo a Londra.

**B**   COSA FA?/COSA FATE?

Supply the question as in the examples.
*T.* Sono nella villetta di Pietro.
*S.* Ma cosa fa nella villetta di Pietro?

*T*. Siamo nella villetta di Pietro.
*S*. Ma cosa fate nella villetta di Pietro?

1 Sono a casa di Giorgio.
2 Sono nella sala d'aspetto.
3 Sono in corridoio.
4 Sono a Roma.
5 Siamo nello studio.

6 Siamo sulla spiaggia.
7 Siamo nella stazione.
8 Siamo in treno.
9 Siamo a scuola.
10 Siamo in cucina.

## C VADO/ANDIAMO

Notice that *da* is used for people.

*T*. Va dal professore?
*S*. Sì. Vado dal professore.

*T*. Andate dal professore?
*S*. Sì. Andiamo dal professore.

1 Va dal dottore?
2 Va dal padrone della trattoria?
3 Va dall'amico di Luigi?
4 Andate al mare?
5 Andate al museo?
6 Andate al congresso?
7 Va da Luisa?
8 Va dall'amica di Luisa?
9 Va dalla sorella di Carla?
10 Va alla spiaggia?

11 Andate alla stazione?
12 Andate alla galleria d'arte?
13 Va in centro?
14 Andate in città?
15 Andate a Firenze?
16 Va da loro?
17 Va da lei?
18 Andate da lui?
19 Andate a casa?
20 Andate a scuola?

## D STA/STANNO + MIO, MIA etc. *or* IL MIO, LA MIA etc.

*T*. Come sta sua moglie?
*S*. Mia moglie? Sta benissimo, grazie.

*T*. Come sta il suo fratellino?
*S*. Il mio fratellino? Sta benissimo, grazie.

*T*. Come stanno i suoi fratelli?
*S*. I miei fratelli? Stanno benissimo, grazie.

1 Come sta suo marito?
2 Come sta suo fratello?
3 Come sta sua sorella?
4 Come sta sua figlia?
5 Come sta il suo amico?
6 Come sta il suo professore?
7 Come sta il suo collega?
8 Come sta la sua famiglia?
9 Come sta la sua bambina?

10 Come sta la sua sorellina?
11 Come stanno i suoi fratelli?
12 Come stanno le sue sorelle?
13 Come stanno i suoi nonni?
14 Come stanno le sue figlie?
15 Come stanno i suoi amici?
16 Come stanno le sue amiche?
17 Come stanno i suoi colleghi?
18 Come stanno le sue colleghe?

**E**  DA/DAL/DALLA etc. + MIO/MIA etc.

*T.* Va prima dal suo collega?
*S.* Sì. Vado prima dal mio collega, e poi vado a casa.

*T.* Va prima da suo fratello?
*S.* Sì. Vado prima da mio fratello, e poi vado a casa.

*T.* Va prima dalla sua sorellina?
*S.* Sì. Vado prima dalla mia sorellina, e poi vado a casa.

*T.* Va prima dai suoi nonni?
*S.* Sì. Vado prima dai miei nonni, e poi vado a casa.

| | | | |
|---|---|---|---|
| 1 | Va dal suo amico? | 9 | Va dal suo fratellino? |
| 2 | Va dal suo dottore? | 10 | Va da sua moglie? |
| 3 | Va dalla sua collega? | 11 | Va dai suoi amici? |
| 4 | Va da suo figlio? | 12 | Va dai suoi colleghi? |
| 5 | Va dalla sua amica? | 13 | Va dai suoi fratelli? |
| 6 | Va da suo fratello? | 14 | Va dalle sue amiche? |
| 7 | Va da sua figlia? | 15 | Va dai suoi cugini? |
| 8 | Va da sua sorella? | 16 | Va dai suoi parenti? |

**F**  VENGO/VENIAMO

*T.* Da dove viene? Viene dalla spiaggia?
*S.* Sì. Vengo dalla spiaggia.

*T.* Da dove venite? Venite dal museo?
*S.* Sì. Veniamo dal museo.

1  Da dove viene? Viene da casa?
2  Da dove viene? Viene dal congresso?
3  Da dove viene? Viene dal professore?
4  Da dove viene? Viene da Roma?
5  Da dove viene? Viene dalla scuola di Carla?
6  Da dove venite? Venite dalla spiaggia?
7  Da dove venite? Venite dalla galleria d'arte?
8  Da dove venite? Venite dalla villetta?
9  Da dove venite? Venite dalla trattoria?
10 Da dove viene? Viene dal centro?
11 Da dove viene? Viene dalla Francia?
12 Da dove viene? Viene da Parigi?
13 Da dove venite? Venite dalla stazione?
14 Da dove venite? Venite dal museo?
15 Da dove venite? Venite dallo studio di Roberto?

**G** CHE

    *T.* Quale libro vuole?    *... sulla scrivania.*
    *S.* Vorrei il libro che è sulla scrivania.

1  Quale bicchiere vuole?    *... sulla tavola.*
2  Quale vaso vuole?    *... sullo scaffale.*
3  Quale valigia vuole?    *... sul letto.*
4  Quale pacchetto vuole?    *... sulla sedia.*
5  Quale giornale vuole?    *... sulla poltrona.*
6  Quale fotografia vuole?    *... sul pianoforte.*
7  Quale scatola vuole?    *... in cucina.*
8  Quale sedia vuole?    *... in salotto.*

**H** RIMANGO/RIMANIAMO

    *T.* Non torna a casa?    *... in campagna.*
    *S.* No. Rimango in campagna.

    *T.* Non tornate a casa?    *... in campagna.*
    *S.* No. Rimaniamo in campagna.

1  Non torna in albergo?    *... sulla spiaggia.*
2  Non torna in città?    *... in campagna.*
3  Non torna alla pensione?    *... al bar.*
4  Non torna in Inghilterra?    *... in Italia.*
5  Non tornate al congresso?    *... in clinica.*
6  Non tornate alla stazione?    *... in albergo.*
7  Non tornate a Londra?    *... a Parigi.*
8  Non tornate in albergo?    *... qui.*

**I** ANCHE+subject pronouns with verbs

    Answer according to the person of the question. Assume that *lei* refers to you.

    *T.* Fa colazione anche lei?    *T.* Fate colazione anche voi?
    *S.* Sì. Faccio colazione anch'io.    *S.* Sì. Facciamo colazione anche noi.

1  Viene anche lei?      7  Lavora anche lei?
2  Fate un viaggio anche voi?    8  Tornate anche voi?
3  Venite anche voi?      9  Aspetta anche lei?
4  Parte anche lei?      10  Rimanete anche voi?
5  Rimane anche lei?      11  Aspettate anche voi?
6  Partite anche voi?      12  Parte anche lui?

**J**  DOVE

Join the pairs of sentences as in the example.

*T.* Parto per Roma. Ho un congresso a Roma.
*S.* Parto per Roma dove ho un congresso.

1  Parto per Parigi. Ho un amico a Parigi.
2  Parto per Milano. Ho un cugino a Milano.
3  Partiamo per l'Italia. Abbiamo degli amici in Italia.
4  Andiamo a Perugia. Abbiamo dei colleghi a Perugia.
5  Vanno a San Remo. Hanno una villetta a San Remo.
6  Vanno alla trattoria 'Da Peppino'. Conoscono il padrone della trattoria.
7  Partono per la campagna. Hanno i nonni in campagna.
8  Partiamo per Venezia. Abbiamo la casa a Venezia.
9  Rimangono in Italia. Vanno a scuola in Italia.
10  Vanno in albergo. Fanno colazione in albergo.

**K**  MATTINA/POMERIGGIO/SERA + VERSO

In your answer choose between *mattina/pomeriggio/sera* according to the meal mentioned in the question and add a time preceded by *verso* (about)

*T.* Ci vediamo dopo colazione?
*S.* Sì. Ci vediamo domani mattina verso le dieci. (*or any suitable time*)

*T.* Ci vediamo dopo pranzo?
*S.* Sì. Ci vediamo domani pomeriggio verso le due.

1  Ci vediamo domani dopo pranzo?
2  Ci vediamo domani dopo cena?
3  Ci vediamo dopodomani dopo pranzo?
4  Ci vediamo domani dopo colazione?

**L**  PRIMA DI/DOPO + times

Nos. 1-5 DOPO
       6-10 PRIMA DELLE/DELL'

*T.* Parte prima delle due?   (*3*)        *T.* Parte dopo le due?   (*1*)
*S.* No. Parto dopo le tre.              *S.* No. Parto prima dell'una.

1  Parte prima delle undici?   (*12*)    6   Parte dopo l'una?   (*11*)
2  Parte prima delle dieci?   (*11*)     7   Parte dopo le cinque?   (*4*)
3  Parte prima delle nove?   (*10*)      8   Parte dopo le sette?   (*6*)
4  Parte prima delle sette?   (*8*)      9   Parte dopo le nove?   (*8*)
5  Parte prima delle otto?   (*9*)       10  Parte dopo le dieci?   (*9*)

Signora CIOFFI
Signorina NUZZO

| | |
|---|---|
| SIGNORA | Signorina, vuol venire con me al mercato? Veramente vorrei restare qui sulla terrazza a prendere il sole—è così bello!—ma devo uscire. Devo comprare dei pomodori per l'insalata. Allora, vuol venire con me? |
| SIGNORINA | Oggi non posso. Caso mai vengo un altro giorno. Oggi devo restare a casa con i miei genitori. Quando loro sono qui, io non posso mai uscire. Non vogliono tornare nel Nord a causa del tempo. |
| SIGNORA | A causa del tempo? Perchè? Che tempo fa nell'Italia Settentrionale adesso? |
| SIGNORINA | Fa brutto tempo. Ci sono molti temporali, e mia madre non può sopportare la pioggia. Quindi vuole restare da me. E mio padre non può vivere senza mia madre. Dunque, loro vogliono restare insieme, ed io devo restare a casa. |
| SIGNORA | Ma è bello stare ogni tanto con i genitori! |
| SIGNORINA | Bello? Non possiamo fare niente di comune accordo . . . Quando io voglio uscire, loro vogliono mangiare; se io voglio guardare la televisione, loro vogliono parlare; se io voglio invitare i miei amici, loro vogliono andare a letto . . . |
| SIGNORA | Certo, deve avere un po' di pazienza mentre sono qui. |
| SIGNORINA | Lei ha ragione. Però dopo due giorni di questa vita . . . Non voglio criticare i miei, sono tutti e due molto cari, ma qualche volta è veramente molto faticoso averli qui. |
| SIGNORA | Certo che la vita è molto complicata: io per esempio, voglio restare a casa sulla terrazza, ma devo per forza uscire. Lei invece vuole tanto uscire, ma deve restare a casa. Cosa vuol fare? Dobbiamo prendere le cose come vengono. Non tutti possono fare quello che vogliono! |

## Le piace?

ANNA
DANIELA

| | |
|---|---|
| ANNA | Che bel vestito! Le piace? |
| DANIELA | No. Non mi piace. È troppo scuro. Ecco, questo è più chiaro. Le piace questo? |

| ANNA | Sì. Mi piace, ma è troppo corto. |
|---|---|
| DANIELA | Quello di seta non è corto. |
| ANNA | No. Non è corto, ma è brutto. Il colore non mi piace. |
| DANIELA | Come sono belle quelle gonne! Perchè non compra una gonna? Le gonne lunghe sono di moda quest'anno. |
| ANNA | Le gonne non mi piacciono. Quanto costano quegli impermeabili celesti? |
| DANIELA | 40.000 lire. Le piacciono? |
| ANNA | Sì. Mi piacciono moltissimo, ma sono troppo cari. Quel cappello lì non è caro: mi piace. Lo compro? Ah, ma è di paglia. Non lo voglio di paglia. |
| DANIELA | Che bei guanti! Sono belli davvero. Perchè non li compra? Costano solo 1.000 lire. |
| ANNA | Solo 1.000 lire? Allora li compro. |

## Notes

Vuol venire con me? *Do you want/would you like to come with me?*
voglio, vuol(e), vogliamo, volete, vogliono (volere) *I want, you/he/she wants, we want, you want, they want (to want)*
devo, deve, dobbiamo, dovete, devono (dovere) *I must, you/he/she must, we must, you must, they must (to have to)*
posso, può, possiamo, potete, possono (potere) *I can, you/he/she can, we can, you can, they can (to be able)*
mercato *market*
veramente vorrei restare qui *really I would like to stay here*
terrazza *terrace, balcony*
restare a prendere il sole *to stay and sunbathe*
è così bello! *it's so nice!*
ma devo uscire *but I must go out*
pomodoro *tomato*
oggi non posso *I can't today*
caso mai *perhaps*
il genitore *parent*
non posso mai uscire *I can never go out*
tornare *to return*
il Nord *North*
a causa del tempo *because of the weather*
che tempo fa? *what's the weather like?*
l' Italia Settentrionale *Northern Italy*
fa brutto tempo, fa bel tempo *the weather is bad, it's fine*
il temporale *storm*
la madre *mother*
sopportare la pioggia *to bear the rain*
quindi *therefore*
da me *at my place, with me*
il padre *father*

vivere *to live*
senza *without*
insieme *together*
stare ogni tanto *to be every now and then*
non possiamo far niente di comune accordo *we can't do anything by mutual agreement*
guardare la televisione *to look at television*
invitare *to invite*
andare a letto *to go to bed*
certo, deve avere un po' di pazienza mentre sono qui *of course, you must have a little patience while they are here*
aver ragione *to be right*
però *nevertheless, but*
vita *life*
criticare i miei *to criticise my parents*
tutti e due *both*
qualche volta *sometimes*
è faticoso averli qui *it's tiring to have them here*
complicato *complicated*
per esempio *for example*
devo per forza uscire *I really must go out*
invece *on the other hand, on the contrary*
tanto *so much*
cosa vuol fare? *what can one do?*
dobbiamo prendere le cose come vengono *we must take things as they come*
non tutti possono fare quello che vogliono *not everyone can do as he wants*
le piace? le piacciono? *do you like, do you like it/them?*
che bel vestito! *what a lovely suit! what a lovely dress!*
mi piace, mi piacciono *I like*
corto *short*
quello di seta *the silk one*

brutto *ugly, dreadful*
come sono belle quelle gonne! *how nice those skirts are!*
lungo *long*
di moda quest'anno *fashionable this year*
quegli impermeabili celesti *those light blue raincoats*
moltissimo *very much*

quel cappello *that hat*
lo compro? *shall I buy it?*
non lo voglio di paglia *I don't want it if it's made of straw*
guanti *gloves*
davvero *really*
perchè non li compra? *why don't you buy them?*
allora li compro *I'll buy them then*

## Exercises and practice

**A** DOVERE

> *T.* Quando deve uscire? ... *più tardi.*
> *S.* Devo uscire più tardi.
>
> *T.* Quando dovete uscire? ... *più tardi.*
> *S.* Dobbiamo uscire più tardi.

1 Dove deve andare? ... *a scuola.*
2 Quando deve partire? ... *dopodomani.*
3 Fino a quando deve lavorare? ... *fino a stasera.*
4 Quanto tempo deve aspettare? ... *un'ora.*
5 Chi deve invitare? ... *i miei amici.*
6 A che ora deve venire? ... *alle otto.*
7 Quanto tempo deve rimanere? ... *una quindicina di giorni.*
8 Con quale treno dovete partire? ... *col primo treno.*
9 Dove dovete andare? ... *in Italia.*
10 Con chi dovete parlare? ... *col professore.*

**B** VOLERE

> *T.* Non vuole proprio partire con questo treno?
> *S.* No. Con questo treno non voglio partire.
>
> *T.* Non volete proprio partire con questo treno?
> *S.* No. Con questo treno non vogliamo partire.

1 Non vuole proprio andare a Roma?
2 Non vuole proprio lavorare oggi?
3 Non vuole proprio restare a casa?
4 Non vuole proprio tornare un'altra volta?
5 Non vuole proprio rimanere fino a domani?
6 Non volete proprio partire di sera?
7 Non volete proprio mangiare in treno?
8 Non volete proprio viaggiare in aereo?
9 Non volete proprio venire all'una?
10 Non volete proprio uscire questo pomeriggio?

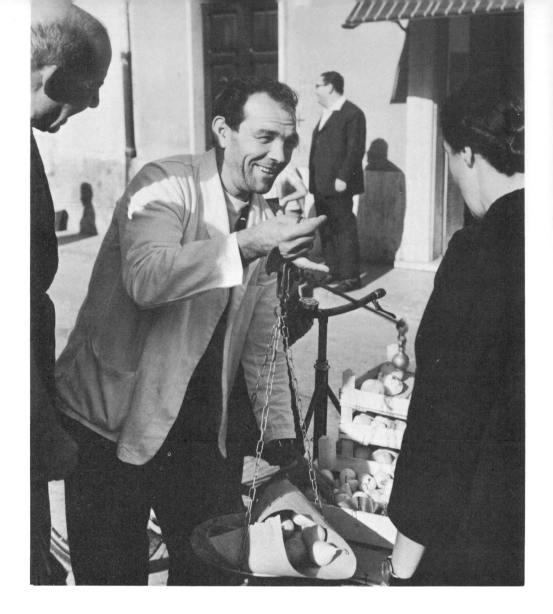

## C POTERE

*T.* Ma non esce stasera?
*S.* Purtroppo stasera non posso uscire.

*T.* Ma non uscite stasera?
*S.* Purtroppo stasera non possiamo uscire.

1 Ma non parte stasera?
2 Ma non lavora oggi?
3 Ma non torna un'altra volta?
4 Ma non mangia qui?

5 Ma non cenate dal dottore?
6 Ma non partite di giorno?
7 Ma non andate domani?
8 Ma non venite questo pomeriggio?

**D**   MI PIACE/MI PIACCIONO

> *T*. Le piace quel cappello?
> *S*. Sì. Mi piace moltissimo.
>
> *T*. Le piacciono quei cappelli?
> *S*. Sì. Mi piacciono moltissimo.

1   Le piace quel vestito?
2   Le piace quella casa?
3   Le piace quello studio?
4   Le piace quel ristorante?
5   Le piace quella macchina?
6   Le piace quella rivista?
7   Le piacciono quei sandali?
8   Le piacciono quei ragazzi?
9   Le piacciono quegli occhiali?
10   Le piacciono quegli orologi?
11   Le piacciono quelle signorine?
12   Le piacciono quelle scarpe?
13   Le piacciono quegli asciugamani?
14   Le piace quell'armadietto?
15   Le piace quell'italiana?

**E**   LO/LA (Object pronouns)

> *T*. Quel pigiama costa poco.
> *S*. Allora lo compro.
>
> *T*. Quella caffettiera costa poco.
> *S*. Allora la compro.

1   Quella borsa costa poco.
2   Quella camicia costa poco.
3   Quella valigia costa poco.
4   Quell'orologio costa poco.
5   Quell'insalata costa poco.
6   Quel cappello costa poco.
7   Quel libro costa poco.
8   Quel vestito costa poco.
9   Quella rivista costa poco.
10   Quella macchina fotografica costa poco.

**F**   LI/LE (Object pronouns)

> *T*. Quegli zoccoli costano poco.
> *S*. Davvero? Perchè non li compra?
>
> *T*. Quelle camicie costano poco.
> *S*. Davvero? Perchè non le compra?

1   Quelle camicette costano poco.
2   Quelle scarpe costano poco.
3   Quelle cartoline costano poco.
4   Quei calzini costano poco.
5   Quei bicchieri costano poco.
6   Quei fazzoletti costano poco.
7   Quelle borse costano poco.
8   Quei fiori costano poco.
9   Quelle cravatte costano poco.
10   Quei pomodori costano poco.

**G**   QUEL/QUELLA etc.

> You supply the question to the answer given.
>
> *T*. Sì. Ha ragione. È proprio un bel cappello.
> *S*. Non è bello quel cappello?

1 Sì. Ha ragione. È proprio un bel vestito.
2 Sì. Ha ragione. È proprio un bel ragazzo.
3 Sì. Ha ragione. È proprio un bello studio.
4 Sì. Ha ragione. È proprio un bell'orologio.
5 Sì. Ha ragione. È proprio una bella macchina.
6 Sì. Ha ragione. È proprio una bella casa.
7 Sì. Ha ragione. È proprio una bella villetta.
8 Sì. Ha ragione. È proprio un bel bambino.
9 Sì. Ha ragione. È proprio un bel regalo.
10 Sì. Ha ragione. È proprio un bell'asciugamano.

**H** QUEI/QUELLE etc.

*T.* Ha dei bei vestiti.
*S.* Come sono belli quei vestiti!

*T.* Ha delle belle borse.
*S.* Come sono belle quelle borse!

1 Ha delle belle camere.
2 Ha delle belle posate.
3 Ha dei bei piatti.
4 Ha dei bei tovaglioli.
5 Ha dei bei libri.
6 Ha dei begli occhiali.
7 Ha dei begli orologi.
8 Ha delle belle scarpe.
9 Ha dei bei costumi da bagno.
10 Ha delle belle valigie.
11 Ha dei begli armadietti.
12 Ha dei bei fiori.

**I** QUEL/QUELLA/QUEI etc.

*T.* Vuole questo libro?     *... dizionario.*
*S.* No. Vorrei quel dizionario.

1 Vuole questo giornale?     *... rivista.*
2 Vuole questi coltelli?     *... forchette.*
3 Vuole questa borsa?     *... valigia.*
4 Vuole queste scarpe?     *... sandali.*
5 Vuole queste camicie?     *... camicette.*
6 Vuole questi ravioli?     *... spaghetti.*
7 Vuole questo vestito?     *... costume* da bagno.
8 Vuole questi tovaglioli?     *... asciugamani.*

**J** IL MIO/IL SUO/LA MIA/LA SUA

*T.* Ho una penna. È sulla tavola.
*S.* La mia penna è sulla tavola.

*T.* Ha una penna. È sulla tavola.
*S.* La sua penna è sulla tavola.

1 Ho un libro. È sulla scrivania.
2 Ha un pigiama. È sul letto.
3 Ho un orologio. È sulla tavola.
4 Ho una macchina. È nel garage.
5 Ha una villetta. È a Venezia.
6 Ho una casa. È a Londra.
7 Ho un pullover. È nel cassetto.
8 Ho una rivista. È sulla radio.

**K** I MIEI/I SUOI/LE MIE/LE SUE

*T.* Ho dei calzini. Sono nella valigia.
*S.* I miei calzini sono nella valigia.

*T.* Ha dei calzini. Sono nella valigia.
*S.* I suoi calzini sono nella valigia.

1 Ha delle scarpe. Sono sotto il letto.
2 Ha delle camicie. Sono nel cassetto.
3 Ho degli asciugamani. Sono nel bagno.
4 Ho dei pomodori. Sono sulla tavola.

5 Ho delle penne. Sono sulla scrivania.
6 Ho delle sigarette. Sono nel pacchetto.
7 Ha dei francobolli. Sono nella scatola.
8 Ha dei libri. Sono nello studio.

**L** È BELLO + infinitive

*T.* Resta a casa?
*S.* È bello restare a casa!

1 Viaggia in aereo?
2 Esce la sera?
3 Prende il sole?
4 Mangia al ristorante?

5 Passa le vacanze in Italia?
6 Guarda la televisione?
7 Va a teatro?
8 Compra dei regali?

**M** TUTTI E DUE/TUTTE E DUE

*T.* Le piace di più il Nord o il Sud d'Italia?
*S.* Mi piacciono tutti e due.

*T.* Le piace di più la radio o la televisione?
*S.* Mi piacciono tutte e due.

But when one has masculine + feminine noun in the question, the masculine one takes precedence.

1 Le piace di più l'aranciata o la limonata?
2 Le piace di più il tè o il caffè?
3 Le piace di più questa borsa o questa valigia?
4 Le piace di più il mare o la montagna?
5 Le piace di più la città o la campagna?
6 Le piacciono di più i ravioli o gli spaghetti?

**N** CASO MAI

*T.* Beh, se non può uscire, pazienza!
*S.* Caso mai esco un altro giorno.

1 Beh, se non può venire pazienza!
2 Beh, se non può restare, pazienza!
3 Beh, se non può tornare, pazienza!

4 Beh, se non può partire, pazienza!
5 Beh, se non può telefonare, pazienza!

ANNA
DANIELA  amica di ANNA
PEPPINO  venditore

ANNA — Daniela, dov'è la lista di quello che dobbiamo comprare?

DANIELA — Eccola! Non è quel foglio di carta vicino al dizionario inglese?

ANNA — No. Non è quello: è un foglio col nome e il numero di telefono dell'albergo Adriatico.

DANIELA — Ah, eccolo: sei bicchieri, due piatti, tre tazze, tre piattini, una teiera e una caffettiera. È questo il foglio che cerca?

ANNA — Sì. È questo. Allora se vogliamo uscire, dobbiamo far presto. Oggi è giorno di mercato e i negozi sono affollati.

DANIELA — Già, oggi è giorno di mercato. Devo comprare un accendino. Quello che ho è rotto.

ANNA — Allora può comprarlo al mercato.

DANIELA — Ottima idea! Lo compro lì. Un momentino. Scrivo la lettera alla signora Gloria e poi andiamo subito.

ANNA — Chi è la signora Gloria? La conosco?

DANIELA — La conosce benissimo. È la cugina americana di Letizia.

ANNA — Ah, sì! La conosco.

DANIELA — Di chi è quella penna sulla tavola? Posso usarla?

ANNA — Certo. Vuole la carta da scrivere? È nel primo cassetto della scrivania. Ci devono essere anche delle buste.

DANIELA — Grazie. Faccio subito. 'Cara signora Gloria . . .
. . . Non vedo l'ora di rivederla . . .
      Baci,
        Daniela.'
Ecco fatto! Posso chiudere la lettera, Anna, o vuole aggiungere qualcosa?

ANNA — I saluti soltanto. Può metterli lei, se vuole.

DANIELA — 'P.S. Tanti saluti dalla signora Anna.' Posso chiuderla?

ANNA — Sì. Può chiuderla. Vuole darla a me? La metto nella borsa con le cartoline che devo imbucare. Ma . . . non c'è l'indirizzo! Non sa l'indirizzo?

DANIELA — No. Non lo so. Devo chiederlo a mio fratello. Ha per caso dei francobolli, Anna?

ANNA — Mi dispiace, non ne ho più. Possiamo prenderli in piazza dal tabaccaio. Anch'io devo comprarne uno.

## Al mercato

| | |
|---|---|
| ANNA | Quanto costano quelle tazze celesti, don Peppino? |
| PEPPINO | Cinquemila lire, signora. C'è anche la teiera uguale. Vuole vederla? |
| ANNA | No. Costano troppo. Non ha tazze meno care? Ne vorrei tre. |
| PEPPINO | Prego. Sono belle e costano poco: seicento lire tutte e tre. |
| ANNA | Sono molto originali. Sì. Prendo queste. |
| DANIELA | Don Peppino, dove sono le caffettiere? Non le vedo. |
| PEPPINO | Le caffettiere sono lì, signorina: vicino a quei vasi da fiori. Le abbiamo anche più grandi. Vuole vederne una più grande? |
| DANIELA | Vorrei vederne una da sei tazze. |
| PEPPINO | Da sei tazze non ne abbiamo più. Le abbiamo da nove o da dodici tazze. |
| DANIELA | Quanto costa quella da nove tazze? Settemila? È cara. Me la dà per cinquemilacinquecento? |
| PEPPINO | Facciamo seimila. Costa poco. Se va a comprarla in un negozio, la paga il doppio. |
| DANIELA | Va bene. La compro. Ora vorremmo dei piatti e dei bicchieri. |
| PEPPINO | Quanti ne volete? Dodici? |
| ANNA | No. Sei. Sei piatti e sei bicchieri bastano. Sì, questi mi piacciono. |
| DANIELA | Quanta roba! Ma come la portiamo? Dobbiamo prendere il tassì? |
| ANNA | No. Don Peppino manda il ragazzo a casa. |
| DANIELA | Sa l'indirizzo, don Peppino? |
| PEPPINO | Sì, lo so: Via Nazionale, 50. È vicino alla questura. Non è lontano da casa mia. |

## Notes

andiamo al mercato! *let's go to the market*
lista *list*
quello che dobbiamo comprare *what we have to buy*
eccola, eccolo *here it is*
foglio di carta *sheet of paper*
vicino al dizionario inglese *near the English dictionary*
quello *that one*
col nome e il numero di telefono *with the name and telephone number*
albergo *hotel*
tazza *cup*
piattino *saucer*
teiera *teapot*
caffettiera *coffee pot*
cercare *to look for*
dobbiamo far presto *we must be quick, hurry*
negozio *shop*
affollato *crowded*
già *of course*

accendino *lighter*
quello che ho rotto (rompere) *the one I broke*
può comprarlo *you can buy it*
ottima idea *excellent idea*
lo compro *I'll buy it*
un momentino *just a moment*
scrivere *to write*
lettera *letter*
poi *then*
conoscere (conosco—conosce—conosciamo—conoscete—conoscono) *to know*
benissimo *very well*
cugina americana *American cousin*
di chi è . . .? *whose is . . .?*
penna *pen*
usare *to use*
certo *of course*
carta da scrivere *writing paper*
nel primo cassetto *in the top* (lit: *first*) *drawer*
ci devono essere *there must be*
busta *envelope*

faccio subito   *it won't take a moment*
non vedo l'ora di rivederla   *I'm looking forward
   to seeing you*
bacio   *kiss*
ecco fatto   *finished*
chiudere   *close*
aggiungere qualcosa   *to add something*
saluto   *greeting*
può metterli lei, se vuole   *you can write* (lit: *put*)
   *them yourself if you like*
tanti saluti dalla signora Anna   (*many*) *regards
   from Anna*
vuole darla a me? (dare)   *do you want to give it
   to me?*
imbucare   *to post*
non c'è l'indirizzo   *there's no address on it*
non sa (sapere) . . .? (so—sa—sappiamo—sapete
   —sanno)   *don't you know?*
non lo so   *I don't know, I don't know it*
chiedere   *to ask*
fratello   *brother*
per caso   *by any chance*
non ne ho più   *I haven't any more*
prendere   *to get, buy*
piazza   *square*
dal tabaccaio   *at the tobacconist's*
devo comprarne uno   *I must buy one*
celeste   *light blue*
uguale   *to match* (lit: *same*)

troppo   *too much*
meno caro   *cheaper*
ne vorrei tre   *I would like three*
prego   *here they are*
costano poco   *they don't cost much*
tutte e tre   *all three, the three of them*
originale   *original*
non le vedo   *I can't see them*
vaso da fiori   *flower vase*
anche più grandi   *still bigger ones*
vuole vederne una più grande?   *would you like
   to see a bigger one?*
da sei tazze, da dodici, da nove tazze   *for six
   cups, for twelve, for nine cups*
me la dà per mille e cinquecento?   *will you give
   it me for 1,500?*
facciamo mille e sei (cento)   *let's make it 1,600*
se va a comprarla   *If you go and buy it*
pagare   *to pay*
doppio   *double*
vorremmo (volere)   *we would like*
volete   *would you like*
quanta roba!   *what a lot of stuff!*
portare   *to carry*
il tassì   *taxi*
mandare   *to send*
manda il ragazzo a casa   *he will send the boy home*
lontano da   *far from*
questura   *police station* (*headquarters*)

## Exercises and practice

**A**  VOLERE + infinitive + LO/LA (Object pronouns)

*T.* Quando vuole comprare la teiera?
*S.* Vorrei comprarla adesso.

*T.* Quando vuole comprare il caffè?
*S.* Vorrei comprarlo adesso.

*T.* Quando volete comprare il caffè?
*S.* Vorremmo comprarlo adesso.

1  Quando vuole comprare la caffettiera?
2  Quando vuole comprare la rivista?
3  Quando vuole comprare la carta da scrivere?
4  Quando vuole comprare il giornale?
5  Quando vuole comprare il cappello?
6  Quando volete comprare il pane?
7  Quando volete comprare la macchina?
8  Quando volete comprare il vino?
9  Quando volete comprare l'accendino?
10  Quando volete comprare la casa?

**B**  POTERE + infinitive + LO/LA (Object pronouns)

*T.* Quando devo fare il biglietto?
*S.* Può farlo adesso, se vuole.

*T.* Quando devo apparecchiare la tavola?
*S.* Può apparecchiarla adesso, se vuole.

*T.* Quando dobbiamo apparecchiare la tavola?
*S.* Potete apparecchiarla adesso, se volete.

1  Quando devo fare la fotografia?
2  Quando devo preparare la cena?
3  Quando devo comprare la carta da scrivere?
4  Quando devo condire l'insalata?
5  Quando devo scrivere la lettera?
6  Quando devo invitare Carla?
7  Quando dobbiamo preparare il pranzo?
8  Quando dobbiamo salutare il professore?
9  Quando dobbiamo vedere Carlo?
10  Quando dobbiamo mandare il ragazzo?
11  Quando dobbiamo prendere il biglietto?
12  Quando dobbiamo comprare il vino?

**C**  DOVERE + infinitive + LO/LA/LI/LE (Object pronouns)

You supply the question.

*T.* Devo salutare le mie amiche.
*S.* Deve salutarle ora?

*T.* Dobbiamo comprare le sigarette.
*S.* Dovete comprarle ora?

*T.* Dobbiamo fare i biglietti.
*S.* Dovete farli ora?

1  Devo comprare i cerini.
2  Devo invitare i miei colleghi.
3  Devo condire le patate.
4  Devo comprare le cartoline.
5  Devo vedere il professore.
6  Devo preparare i libri.
7  Devo cercare l'albergo.
8  Devo guardare la televisione.

9  Dobbiamo aspettare il dottore.
10  Dobbiamo fare le fotografie.
11  Dobbiamo imbucare le lettere.
12  Dobbiamo prendere il tassì.
13  Dobbiamo portare le valigie.
14  Dobbiamo apparecchiare la tavola.
15  Dobbiamo salutare gli amici di Laura.

**D**  DOVERE + infinitive + NE

*T.* Quanti biglietti deve fare?    *(1)*
*S.* Devo farne uno.

1  Quante sterline deve pagare?    *(10)*
2  Quante tazze deve comprare?    *(6)*
3  Quante lettere deve scrivere?    *(1)*
4  Quante cartoline deve imbucare?    *(8)*
5  Quanti amici deve invitare?    *(20)*
6  Quanti francobolli dovete comprare?    *(9)*
7  Quanti piatti dovete preparare?    *(3)*
8  Quanti libri dovete portare?    *(12)*
9  Quanti pacchetti dovete mandare?    *(4)*
10  Quante valigie dovete fare?    *(2)*

**E**  CONOSCERE/SAPERE + LO/LA (Object pronouns)

*T.* Conosce Parigi? (*All towns are feminine*) Sì. ...
*S.* Sì. La conosco.

*T.* Sa l'indirizzo del dottore?          Sì. ...
*S.* Sì. Lo so.

*T.* Sa dov'è la stazione Termini?          No. ...
*S.* No. Non lo so.

1  Conosce Londra?
2  Conosce la signora Gloria?

3  Conosce il professore?
4  Conosce Roma?

5 Conosce l'Inghilterra?  
6 Sa l'indirizzo di Laura?  
7 Sa dov'è Via Nazionale?  

8 Sa l'inglese?  
9 Sa dov'è l'albergo Adriatico?  
10 Sa dov'è Piazza Dante?  

**F** LI/LE (Object pronouns)

You supply the question.

*T.* Devo fare le valigie.  
*S.* Ma perchè non le fa domani?  

*T.* Devo salutare i miei amici.  
*S.* Ma perchè non li saluta domani?  

1 Devo comprare i francobolli.  
2 Devo fare i biglietti.  
3 Devo scrivere le cartoline.  
4 Devo mandare i pacchetti.  

5 Devo vedere i ragazzi.  
6 Devo invitare i miei amici.  
7 Devo pagare i libri.  
8 Devo prendere le sigarette.  

**G** MENO CARO/CARA etc.

You supply the question.

*T.* Questo vestito è troppo caro.  
*S.* Non ha un vestito meno caro?  

*T.* Queste tazze sono troppo care.  
*S.* Non ha tazze meno care?  

1 Questa camera è troppo cara.  
2 Questo pigiama è troppo caro.  
3 Questa teiera è troppo cara.  
4 Questa caffettiera è troppo cara.  

5 Queste gonne sono troppo care.  
6 Questi guanti sono troppo cari.  
7 Questi calzini sono troppo cari.  
8 Queste scarpe sono troppo care.  

**H** NE+UNO PIÙ/UNA PIÙ

You supply the question.

*T.* Questo vaso è troppo piccolo.     *... grande.*  
*S.* Non ne ha uno più grande?  

*T.* Questa scatola è troppo piccola.     *... grande.*  
*S.* Non ne ha una più grande?  

1 Questa camera è troppo grande.     *... piccola.*  
2 Questo vestito è troppo lungo.     *... corto.*  
3 Questo impermeabile è troppo corto.     *... lungo.*  
4 Questa caffettiera è troppo piccola.     *... grande.*  
5 Questo cappello è troppo brutto.     *... bello.*  
6 Questa cravatta è troppo scura.     *... chiara.*  
7 Questa gonna è troppo chiara.     *... scura.*  
8 Questo libro è troppo difficile.     *... facile.*

**I**   VICINO AL/ALLO/ALL'/ALLA/ALLE/AI/AGLI

T. Dov'è la penna?      ... *libro.*
S. È vicino al libro.

T. Dov'è la penna?      ... *libri.*
S. È vicino ai libri.

T. Dove sono i sandali?      ... *zoccoli.*
S. Sono vicino agli zoccoli.

1  Dov'è la sedia?      ... *tavola.*
2  Dov'è il dizionario?      ... *vaso.*
3  Dov'è la cartolina?      ... *scatola.*
4  Dov'è la borsa?      ... *valigia.*
5  Dov'è il francobollo?      ... *buste.*
6  Dove sono le scarpe?      ... *sandali.*
7  Dove sono i cerini?      ... *sigarette.*
8  Dove sono le lettere?      ... *orologio.*
9  Dove sono i costumi da bagno?      ... *asciugamani.*
10  Dov'è la sala da pranzo?      ... *studio.*
11  Dov'è il dottore?      ... *autobus.*
12  Dov'è la spiaggia?      ... *negozi.*
13  Dov'è l'albergo?      ... *stazione.*
14  Dov'è la questura?      ... *mercato.*
15  Dov'è il tabaccaio?      ... *piazza.*

**J**   LO/LA/LI/LE + QUALCHE VOLTA

T. Guarda spesso la televisione? (spesso = *often*)
S. No. La guardo qualche volta.

1  Invita spesso i suoi amici?
2  Aiuta spesso i suoi genitori?
3  Vede spesso il dottore?
4  Compra spesso i fiori?

5  Mangia spesso gli spaghetti?
6  Condisce spesso l'insalata?
7  Prende spesso il caffè?
8  Manda spesso le cartoline?

**K**   CI + SPESSO

T. Non va mai al mercato?
S. Sì. Ci vado spesso.

T. Non andate mai al mercato?
S. Sì. Ci andiamo spesso.

1  Non va mai al mare?
2  Non va mai in montagna?
3  Non va mai in centro?
4  Non va mai a Roma?

5  Non va mai in Italia?
6  Non andate mai a casa di Carla?
7  Non andate mai in città?
8  Non andate mai alla spiaggia?

## PART TWO

## 9    Andiamo in vàcanza                    *nona lezione*

MICHELE VISCONTI   marito di Anna
ANNA   sua moglie
CARLO   amico dei signori VISCONTI

*Prima Scena: Dove Andare?*

| | |
|---|---|
| ANNA | Allora Michele, non andiamo in vacanza quest'anno? Tutti i nostri amici vanno all'estero. |
| MICHELE | Chi, per esempio? |
| ANNA | Carla va in Grecia, Giovanni e Lucia vanno in Africa, Enrico va a Mosca . . . Lei Carlo, in che Paese va? |
| CARLO | Chi? Io? Di solito vado in Germania perchè ho una sorella a Berlino, ma quest'anno vado a Nizza con un amico. Andiamo in aereo fino a Parigi ed in macchina da Parigi a Nizza. Mamma mia, che caldo! Ha un bicchier d'acqua, per favore? Ho sete. |
| ANNA | Sì, certo! O preferisce un'aranciata fresca? |
| CARLO | No, grazie. Un bicchier d'acqua va bene. |
| ANNA | Una spremuta di limone con ghiaccio, forse? |
| CARLO | Ma sì, è più dissetante. |
| MICHELE | Ha parenti anche a Nizza, Carlo? |
| CARLO | Non soltanto a Nizza. Ho parenti dappertutto. A Firenze ho un cugino: povero, ma simpatico. A Zurigo ho due nipoti molto ricchi: hanno una bella casa in centro, una villa al mare in Italia, quattro grandi alberghi e due ristoranti in montagna. A Nizza ho un fratello sposato con due bei bambini e una ragazza alla pari molto graziosa. |
| MICHELE | Quanti anni hanno? |
| CARLO | Chi? I bambini? Il bambino ha tre anni e la bambina ne ha uno. |
| MICHELE | E la ragazza alla pari, quanti anni ha? Ha una fotografia? |
| CARLO | Ho soltanto una fotografia dei bambini. |
| MICHELE | Peccato! Ah, ecco la spremuta di limone. |
| CARLO | Grazie, Anna. |
| ANNA | Prego. Allora Carlo, quando va in Francia? In agosto? |
| CARLO | No. In agosto fa troppo caldo. Andiamo in aprile. |
| ANNA | Beato lei! E noi, quando andiamo, Michele? |
| MICHELE | Carlo ha ragione. D'estate fa troppo caldo e d'inverno fa troppo freddo. Meglio andare in primavera, specialmente se andiamo in Italia. |
| ANNA | In Italia? Dove in Italia? A Venezia? |
| MICHELE | Non soltanto a Venezia. Andiamo anche a Firenze, a Siena, a Perugia, in Sardegna . . . |

| | |
|---|---|
| CARLO | Che bel giro! Come andate, in aereo? |
| ANNA | No. Ho paura dell'aereo. Andiamo in macchina. |
| MICHELE | Ma no, cara. Non abbiamo ancora la macchina nuova. Non è ancora arrivata. Andiamo in treno. D'accordo? |
| ANNA | D'accordo. |
| CARLO | Beh, io vado. |
| MICHELE | Così presto? Ha sempre fretta! |
| CARLO | Ho un appuntamento con un amico. Arrivederci. |
| MICHELE ⎫ ANNA  ⎭ | Arrivederla e buon viaggio! |
| ANNA | Un bacio a Parigi! |
| MICHELE | E . . . tanti saluti alla ragazza alla pari! |

*Seconda Scena: Facciamo i bagagli*

| | |
|---|---|
| MICHELE | Facciamo i bagagli! |
| ANNA | Sono quasi pronti, caro. Eccoli: due valigie grandi, una valigia piccola ed una borsa. |
| MICHELE | Tanti bagagli per due settimane in Italia? Queste donne! Che esagerazione! Cosa c'è in questa valigia? |
| ANNA | In questa? Ci sono: vestiti, pigiama, sandali, calze, calzini, pullover. |
| MICHELE | Quanta roba! Perchè portiamo i pullover? In Italia fa caldo, no? |
| ANNA | Sì. Ma di sera qualche volta, fa freschetto. Dunque, in quest'altra valigia ci sono: costumi da bagno, zoccoli, scarpe, macchina fotografica. |
| MICHELE | E in quella borsa, cosa c'è? Abbiamo tutto, no? |
| ANNA | C'è l'occorrente per il viaggio: spazzolini da denti, dentifricio, asciugamani, fazzoletti, chiavi . . . |
| MICHELE | Dov'è il rasoio elettrico? |
| ANNA | Già, è qui, sulla tavola. Ecco, ora abbiamo tutto. |
| MICHELE | Eccetto le cose più importanti: i biglietti, i passaporti e i soldi italiani. Queste donne! . . . |

*Terza Scena: Alla stazione*
Gli stessi personaggi e un IMPIEGATO

| | |
|---|---|
| MICHELE | Due biglietti per Venezia. |
| IMPIEGATO | Prima o seconda classe? |
| MICHELE | Seconda classe. |
| IMPIEGATO | Solo andata? |
| MICHELE | Seconda classe, andata e ritorno. |
| ANNA | (*al marito*) E le cuccette? Il viaggio è lungo! |
| MICHELE | (*all'impiegato*) Ah, già! E due cuccette. |
| IMPIEGATO | C'è un treno alle 16,30 e un altro alle 20,45. |
| ANNA | Il treno delle 16,30 va benissimo. Abbiamo anche il tempo per un caffè. (Michele *paga e se ne vanno.*) |

**Questions on the text**

**A**

1 Chi è Michele?
2 Chi è Anna?
3 Dove vanno gli amici di Anna e Michele?
4 Dove va Enrico?
5 Dove va Carla?
6 Dove vanno Giovanni e Lucia?
7 Dove va Carlo quest'anno?
8 Come va fino a Parigi e come va da Parigi a Nizza?
9 Va in vacanza con Michele e Anna?
10 Perchè vuole un bicchier d'acqua?
11 Prende un'aranciata fresca, un bicchier d'acqua, o una spremuta di limone?
12 Dove sono i suoi parenti?
13 Cosa hanno i due nipoti?
14 Quanti bambini ha il fratello sposato?
15 È brutta la ragazza alla pari?
16 Quanti anni ha il bambino?
17 Perchè Carlo non va in vacanza in agosto?
18 Quando è meglio andare in Italia?
19 In che Paese vanno i signori Visconti?
20 Vanno in treno, in aereo o in macchina?
21 Perchè Carlo ha fretta?

22 Quante valigie sono quasi pronte?
23 Per quante settimane i signori Visconti vanno in Italia?
24 I costumi da bagno sono nella borsa?
25 Dov'è il dentifricio?
26 Dove sono le chiavi?
27 Dov'è il rasoio elettrico?
28 Cosa sono le cose più importanti?

29 Dove sono i signori Visconti quando fanno i biglietti?
30 Viaggiano in prima o in seconda classe?
31 Perchè desiderano le cuccette?
32 Quanti treni ci sono per Venezia?
33 Il treno delle 16,30 va bene per Anna e Michele?
34 Chi paga i biglietti?

**B**

1 Dove vanno Carla e Giovanni?
2 Perchè di solito Carlo va in Germania?
3 Con chi va a Nizza?
4 Cosa chiede a Anna e perchè?

5 Come sono i parenti di Carlo?
6 I suoi nipoti, dove hanno la casa, la villa, gli alberghi e i ristoranti?
7 Chi ha la ragazza alla pari?
8 Perchè Michele dice (*says*): 'Peccato'?
9 Cosa fa Carlo in aprile?
10 Perchè è meglio andare in primavera in Italia?
11 Perchè Michele e Anna non vogliono viaggiare in aereo?
12 Perchè non vanno in macchina?
13 Cosa deve far Carlo quando va via (*goes away*) dalla casa dei Visconti?
14 Chi fa le valigie?
15 Cosa sono quasi pronti?
16 Quante valigie e quante borse preparano per il viaggio?
17 Dove mettono i vestiti e gli spazzolini?
18 L'occorrente per il viaggio è in valigia?
19 A che ora partono i due treni? (Il primo . . . il secondo . . .)
20 Cosa vogliono fare i signori Visconti al bar?

## Questions for you

1 Dove va in vacanza quest'anno?
2 Ha amici che vanno all'estero?
3 Quanto tempo prima del viaggio fa i bagagli?
4 Viaggia in prima o in seconda classe?
5 Ha paura di viaggiare in aereo?
6 Ha paura del suo professore?
7 Fa sempre caldo all'estero?
8 Qual è il Paese ideale per le vacanze e perchè?
9 Dove va l'anno prossimo: in campagna, in città, in montagna o al mare?
10 Fa molti bagni, quando va al mare?
11 Per quanto tempo va in vacanza quest'anno?
12 Secondo lei, (*according to you*) chi porta più bagagli quando viaggia: un uomo o una donna?
13 Lei, viaggia sempre di giorno?
14 Dove fa più freddo: in Grecia, in Russia, in Francia o in Italia?

*Note that with the verb* andare *you must use* in *for countries and* a *for towns.*

| | | | |
|---|---|---|---|
| Vado in Italia | *I'm going to Italy* | BUT Vado a Roma | *... to Rome* |
| Andiamo in Francia | *We're going to France* | BUT Andiamo a Parigi | *... to Paris* |
| Va in Russia | *He's going to Russia* | BUT Va a Mosca | *... to Moscow* |

## Notes

scena *scene*
anno *year*
nostro, vostro, loro *our, your, their*
all'*estero*, in montagna, in campagna *abroad,
to* or *in the mountains, to* or *in the country*
per esempio *for example*
Grecia *Greece*
Mosca *Moscow*
il Paese *country*
Germania *Germany*
Nizza *Nice*
in a*e*reo, in treno, in macchina, in metropolitana
*by air, by train, by car, by tube*
fino a Parigi *up to Paris*
che caldo! che freddo! *how hot it is! how cold
it is!*
per favore *please*
aver sete *to be thirsty*
preferire: preferisco—preferisce—preferiamo—
preferite—preferiscono *to prefer*
fresco *cool*
spremuta di limone con ghiaccio *lemon squash
(made from fresh lemons) with ice*
forse *perhaps*
dissetante *refreshing, thirst-quenching*
il parente *relative*
dappertutto *everywhere*
povero *poor*
simpatico *nice, pleasant*
Zurigo *Zurich*
il nipote *nephew*
ricco *rich*
il ristorante *restaurant*
fratello sposato *married brother*
ragazza alla pari graziosa *pretty au pair
girl*
quanti anni ha/hanno? *how old is she/are
they?*
ha tre anni, ne ha uno *he is three years old,
she is one*

fa caldo, fa freddo, fa freschetto *it's hot, it's
cold, it's cool*
beato lei! *how lucky you are!*
aver ragione *to be right*
d'estate, d'inverno, in primavera, in autunno *in
summer, winter, spring, autumn*
specialmente *especially*
Venezia, Siena, Perugia, Sardegna *Venice,
Sienna, Perugia, Sardinia*
che bel giro! *what a lovely tour!*
aver paura *to be afraid*
non è ancora arrivata *it hasn't arrived yet*
aver fretta, aver sonno, aver caldo, aver freddo
*to be in a hurry, tired, hot, cold*
appuntamento *appointment, arrangement to
meet*
bagaglio, fare i bagagli *luggage, to pack*
eccolo, eccoli *here it is, here they are*
donna *woman*
esagerazione (*fem*) *exaggeration*
calza *stocking*
portare *to take*
di sera, di giorno, di mattina, di notte *in the
evening, in the daytime, in the morning, at
night*
tutto *everything*
l' occorrente per il viaggio *what's necessary for
the journey*
spazzolino da denti, dentifricio *tooth-brush,
tooth-paste*
la chiave *key*
rasoio elettrico *electric razor*
eccetto *except*
passaporto *passport*
gli stessi personaggi *the same characters*
impiegato *booking-clerk*
la classe *class*
andata, andata e ritorno *single, return*
cuccetta *couchette*
tempo *time*
se ne vanno (andarsene) *they go away*

## Exercises and practice

**A** ANDARE IN+countries

Insert the correct form of *andare* in these five sentences.

1 Io — in Francia, ma lui — in Italia.
2 Io — in Austria, ma lei — in Germania.
3 Lui — in Scozia, ma loro — in Svizzera.
4 Lei — in Inghilterra, ma loro — in Spagna.
5 Voi — in Russia, ma noi — in Irlanda.

**B** ANDARE IN+countries

> *T*. Vado a Parigi.
> *S*. Ah, va in Francia? Beato lei!

> *T*. Andiamo a Torino.
> *S*. Ah, andate in Italia? Beati voi!

1 Vado a Nizza.
2 Vado a Roma.
3 Vado a Dublino.
4 Vado a Zurigo.
5 Vado a Madrid.

6 Andiamo a Mosca.
7 Andiamo a Berlino.
8 Andiamo a Edimburgo.
9 Andiamo a Milano.
10 Andiamo a Vienna.

**C** ANDARE A+towns

In your answer use a town corresponding to the nationality in the question.

> *T*. Conosce molti tedeschi?

> *S*. Sì, perchè vado spesso a Berlino.

1 Conosce molti austriaci?
2 Conosce molti svizzeri?
3 Conosce molti spagnoli?
4 Conosce molti irlandesi?

5 Conosce molti russi?
6 Conosce molti francesi?
7 Conosce molti italiani?
8 Conosce molti scozzesi?

**D** Nationalities

In this exercise you produce the question.

> *S*. Ha molti amici inglesi?
> *T*. No, non conosco nessuno qui in Inghilterra.

1 No, non conosco nessuno qui in Austria.
2 No, non conosco nessuno qui in Svizzera.
3 No, non conosco nessuno qui in Spagna.
4 No, non conosco nessuno qui in Irlanda.
5 No, non conosco nessuno qui in Scozia.
6 No, non conosco nessuno qui in Italia.
7 No, non conosco nessuno qui in Francia.
8 No, non conosco nessuno qui in Russia.

**E** VENIRE (means of transport)

> *T*. Viene in macchina?      *... autobus*
> *S*. No, vengo in autobus.

> *T*. Venite in autobus?      *... piedi.*
> *S*. No, veniamo a piedi.

1 Viene in aereo?      *... macchina.*
2 Viene in metropolitana?      *... piedi.*
3 Viene in macchina?      *... aereo.*
4 Venite in autobus?      *... metropolitana.*
5 Venite a piedi?      *... autobus.*

**F** FARE

Answer with the correct form of *fare*. Nos. 1-3 refer to you.

*T.* Cosa fa prima di prendere il treno?     *... il biglietto.*
*S.* Faccio il biglietto.

*T.* Cosa fate prima di prendere il treno?     *... i biglietti.*
*S.* Facciamo i biglietti.

1  Cosa fa in questo momento?     *... l'esercizio.*
2  Cosa fa a casa?     *... i compiti* (homework).
3  Cosa fate la mattina?     *... colazione.*
4  Cosa fa il professore?     *... la lezione.*
5  Che ora fa quest'orologio?     *... le nove.*
6  Cosa fa il fornaio?     *... il pane.*
7  Cosa fanno gli studenti alla fine dell'anno?     *... gli esami.*
8  Cosa fanno spesso gl'italiani?     *... complimenti.*

**G** FREDDO, CALDO

*T.* D'inverno, fa caldo?
*S.* No, fa freddo.

1  D'estate fa freddo?
2  Quando fa freschetto in Italia?
3  Oggi fa caldo o fa freddo?

4  Io ho sempre freddo, e lei?
5  Ha più caldo qui o a casa?

**H** AVERE

Insert the correct forms of *avere* in these five sentences.

1  Maria — un appartamento, ma io — una villa.
2  Gli studenti — la penna, ma il professore — il gesso.
3  Noi — le borse, ma voi — le valigie.
4  Loro — soldi italiani, ma Mario — soldi inglesi.
5  Lei — un giornale, ma io — una rivista.

**I** DOVE — DOV'È — DOVE SONO

Replace the dash with the appropriate one of the three forms above.

1  — i libri?
2  — la sala d'aspetto?
3  — va per le vacanze?
4  — Carlo e Luisa?
5  —vanno gli studenti?

6  — la segreteria? (*office at school*)
7  — la stazione?
8  — le valigie?
9  — va?
10  — l'ufficio informazioni?

### Situations

1  Make up a conversation between two people going away on holiday to two different places, each person giving simple reasons for his choice. Start like this:

> A  Va in vacanza quest'anno?
> B  Sì, vado in Francia; e lei, va all'estero? etc. (See Scene 1.)

2  Two friends are going away together on holiday: one asks where various items for the journey are, the other answers either that they are packed ('in valigia') or states where they are, using as many articles as possible and varying where they may be found. (See Scene 2.)

3  A conversation between booking office clerk and prospective passenger giving various times and destinations. (See Scene 3.)

### Useful words and expressions

1  Perchè . . .            Non fa troppo caldo.           Non costa troppo.
   È interessante.         C'è il sole.                   Ci sono molti ristoranti.
   È un bel Paese.         C'è il mare.                   Ci sono molti alberghi.
                           C'è una bella spiaggia.        Ci sono molti locali notturni.
                           C'è molto da fare.             Ci sono molti monumenti.
   Tutti sono molto socievoli.                            Ci sono molte chiese.

2  Dov'è . . .?            Dove sono . . .?               sulla: sedia, poltrona, tavola
   C'è.                    Non c'è.                       sul:   letto, divano, comodino
   Ci sono.               Non ci sono.                    nel:   cassetto, bagno, salotto
   Cos'altro?             Non occorre . . .               nella: camera da letto
   Basta.                                                 nell': armadietto, armadio
                                                          per terra

3  (For times, see Chapter 5, Exercise **H**)
   lo sportello dei biglietti            la sala d'aspetto
   l'orario dei treni                    riservare un posto
   l'ufficio informazioni                Da che binario parte il treno per. . . ?
   Quanto costa il biglietto per . . .?  A che ora parte . . .?
   Quant'è?                              Non ho spiccioli
   Devo cambiare?                        Ha il resto?
   il posto d'angolo                     Ecco il resto
   Viaggia in prima o in seconda classe? Grazie. Prego

il viaggiatore

l'arrivo, la partenza

l'uscita, l'entrata

Per cortesia dov'è . . .? dove sono . . .?

a destra, a sinistra, sempre diritto

prendere, perdere il treno

salire sul treno, scendere dal treno

la prenotazione

il sottopassaggio

le scale

la coincidenza

l'espresso, il rapido

il direttissimo, il diretto

l'accelerato

il vagone letto, il vagone ristorante

Da quale binario parte . . .?

A che binario arriva . . .?

Ho perso: il treno

il biglietto

il posto

## SENZA COMPLIMENTI

This expression is used to insist that somebody accept something when you see that he is hesitant or reluctant to do so. He in his turn however may use the same expression or a modification of it to show that he really means what he says. Here is a typical short Italian conversation along these lines.

| | |
|---|---|
| Prende un caffè? | *Will you have a coffee?* |
| No, grazie, non si disturbi. | *No thanks. Don't bother.* |
| Senza complimenti! | *Go on, have one!* |
| Non faccio complimenti! | *No, thanks awfully.* |
| Ma su, prenda qualcosa! | *Come on, do have something!* |
| Le assicuro: non faccio complimenti. | *Really I won't. But thanks all the same.* |
| Allora, prenda un cognac, | *Well then, have a brandy,* |
| un dolce. . . . Su, mi faccia | *a cake. . . . Come on, have* |
| contento, accetti qualcosa! | *something just to please me!* |
| Se proprio insiste, prenderò | *Well, if you insist, I'll* |
| del cognac. Grazie. | *have some brandy. Thanks.* |

Quattro viaggiatori:
BRUNA
ANTONIO
LUISA    figlia di Bruna
SILVIA    sorella di Bruna
Il cameriere

*Prima Scena: Nello scompartimento*

| | |
|---|---|
| ANTONIO | Scusi, è libero questo posto? |
| BRUNA | No, è occupato. |
| ANTONIO | Ma non c'è nessuno! |
| BRUNA | Sì, c'è mia sorella. È andata in corridoio a fumare una sigaretta. Quel posto lì, è libero; un momento, tolgo la roba, la metto sul portabagagli. Ecco, va bene? |
| ANTONIO | Sì, grazie. Molto gentile. Posso aprire il finestrino? Fa molto caldo! |
| BRUNA | C'è corrente, ma se chiude la porta, va bene. |
| ANTONIO | Che caldo! Ecco, ora va meglio. Io vado a Napoli. Lei, dove va? |
| BRUNA | Noi andiamo a Roma. È la prima volta che andiamo insieme all'estero. Questa è mia figlia Luisa. |
| ANTONIO | Piacere. |
| LUISA | Molto lieta. |
| BRUNA | È mai stato a Roma? |
| ANTONIO | Sì, ci sono stato due volte. È una città bellissima. Le Basiliche, il Foro, il Colosseo, le Fontane . . . sono una meraviglia! Ho visto anche il Papa. |
| BRUNA | Noi non ci siamo mai state. Questa volta però, andiamo a Roma, a Napoli ed in Sicilia. |
| ANTONIO | In Sicilia? Che bel viaggio! È vero che in Sicilia c'è la Mafia? |
| BRUNA | Non lo so. Conosce una buona pensione non troppo cara a Roma? |
| ANTONIO | Io non vado in pensione. Vado a casa di amici. Nella stazione Termini c'è un'agenzia di viaggi. Lì hanno la lista degli alberghi di tutte le categorie. Per mangiare è meglio andare in trattoria. In Italia ci sono trattorie dove si mangia bene ed a poco prezzo. |

**Questions on the text**

**A**

1 Dov'è andata la sorella di Bruna?
2 Cosa toglie dal posto Bruna?
3 Chi è molto gentile?
4 Fa freddo nello scompartimento?
5 Dove va Antonio?
6 Dove vanno Bruna e Luisa?
7 Quante volte Antonio è stato a Roma?
8 Roma è bella?
9 Cosa c'è a Roma?
10 Chi ha visto il Papa?
11 Dove va Antonio: va in pensione?
12 Dov'è l'agenzia di viaggi?
13 Bruna dove può trovare la lista degli alberghi?
14 Per mangiare a poco prezzo, dov'è meglio andare?

**B**

1  Il primo posto che Antonio vede è libero?
2  Se è occupato, perchè non c'è nessuno?
3  Cosa fa Bruna con la roba che è sul posto?
4  Bruna viaggia sola?
5  Cosa fa Antonio quando fa molto caldo nello scompartimento?
6  Perchè Antonio chiude la porta?
7  Dove vanno Antonio e Bruna?
8  Quante volte Bruna e Antonio sono stati a Roma?
9  Antonio e Bruna conoscono Roma?
10  Perchè è meglio andare in trattoria per mangiare?

## Questions for you

1  Sono tutti liberi i posti in quest'aula?
2  Lei, quando è libero e quando è occupato?
3  Gli studenti quando sono qui? Di notte?..., Di pomeriggio?
4  Di solito dove sono i finestrini e dove sono le finestre?
5  Lei, dove va a mangiare stasera?
6  Cosa fa quando è in treno? (*use as many suitable verbs as you know*)
7  Quali Paesi conosce?
8  Quali capitali conosce?
9  Quando c'è corrente in quest'aula?
10  Se c'è corrente, cosa fa?
11  Viaggia solo o in compagnia?
12  Quando non mangia a casa, mangia in albergo, al ristorante, o in trattoria? Perchè?

## Notes

scompartimento  *compartment*
*il* viaggiatore  *traveller*
libero  *free*
posto  *seat, place*
occupato  *taken, engaged*
non c'è nessuno  *there's no one*
è andata in corridoio a fumare  *she's gone into the corridor to smoke*
momento  *moment*
togliere: tolgo—toglie—togliamo—togliete—tolgono  *to take*
*il* portabagagli  *luggage-rack*
aprire: apro—apre—apriamo—aprite—aprono  *to open*
finestrino  *window (of a train)*
*la* corrente  *draught*
porta  *door*
va meglio  *that's better*
Napoli  *Naples*
*la* prima volta  *the first time*

molto lieto  *pleased to meet you*
è mai stato a Roma?  *have you ever been to Rome?*
ci sono stato due volte  *I've been there twice*
bellissimo  *very beautiful*
Basilica  *basilica*
Foro, Colosseo, Fontane  *Forum, Colosseum, Fountains*
sono una meraviglia  *they are wonderful*
ho visto (vedere)  *I've seen*
*il* Papa  *Pope*
non ci siamo stati  *we haven't been there*
Sicilia  *Sicily*
è vero che...?  *is it true that...?*
*la* pensione  *boarding-house*
agenzia di viaggi  *travel agency*
di tutte le categorie  *of all categories*
mangiare  *to eat*
si mangia bene  *you eat well (lit: one eats well)*

## Exercises and practice

**A** SI impersonal

Fit one of the pairs of the verbs below into each of the following sentences: e.g. if the pair were *legge — scrive* it would fit into the following sentence:

Con la penna *si scrive*, ma con gli occhiali *si legge*.

Find the appropriate pair for each sentence without breaking any of the pairs.

| | |
|---|---|
| insegna — legge | apre — chiude |
| ascolta — guarda | mangia — beve |
| fuma — mangia | dorme — lavora |
| vede — sente | mette — toglie |

1 Il pane si ... , ma il vino si ...
2 A scuola si ... , ma in biblioteca si ...
3 Una sigaretta si ..., ma un gelato si ...
4 La televisione si ... ma la radio si ...
5 Di notte si ..., ma di giorno si ...
6 La roba si ... in valigia, ma si ... dalla valigia.
7 Prima d'incominciare la lezione, si ... il libro, ma si ... la porta.
8 Con gli occhi si ..., ma con gli orecchi si ...

**B** LO/LA/LI/LE/L' (Object pronouns)

*T.* Porta il cappello quando esce?
*S.* Sì. Lo porto. *or* No. Non lo porto.
Use negative or affirmative, whichever is applicable in your case.

1 Conosce il professore?
2 Vede la lavagna? (*blackboard*)
3 Se fa molto caldo, chiude le finestre?
4 Se fa molto freddo, apre la porta?
5 Conosce il primo ministro francese?
6 Porta la cravatta?
7 Ascolta spesso la radio?
8 Guarda la televisione qualche volta?
9 Capisce gl'italiani quando parlano?
10 Usa il dizionario in classe?

**C** LO/LA/LI/LE/L' (Object pronouns)

The verbs in this exercise all come from Exercise **A**. Answer all the questions using LO/LA/LI/LE/L' as applicable.

*T.* Legge o scrive questo libro?
*S.* Lo leggo.
Be careful to use the first person singular throughout.

1 Quando parla, chiude o apre la bocca? (*mouth*)
2 Insegna o impara l'italiano?
3 Vede o sente la mia voce?
4 Se c'è corrente, apre o chiude la porta?
5 Quando entra in classe, mette o toglie il cappotto? (*coat*)
6 Mangia o beve gli spaghetti?

**D** CI

Replace by *ci* the phrases in italics and answer accordingly and where appropriate by such expressions as, *spesso, non ... mai, sempre, quasi sempre, qualche volta, due volte,* etc.

*T.* È mai stato *in Italia*?

*S.* Sì. Ci sono stato. OR No. Non ci sono mai stato. OR Ci vado ogni anno OR by any other expression of time which applies in your particular case.

1  È mai stato *in Italia*?
2  Va *al cinema* stasera?
3  Va spesso *all'estero*?
4  Quando è festa va *a scuola*?
5  Va *dal dentista*, domani?

6  Quante volte è andato *in Austria*?
7  Quante volte al mese va *al cinema*?
8  Passa *per la Svizzera* quando va in Italia?
9  Va *al ristorante* dopo questa lezione?

10  È mai ritornato *alla sua scuola* elementare?

**E**  NON  ...  NESSUNO (*no one*)    NON  ...  MAI (*never*)
       NON  ...  NIENTE (*nothing*)    NON  ...  NÈ  ...  NÈ (*neither ... nor*)
       NON  ...  PIÙ (*no more*)       NON  ...  MICA (*not ... at all*)

Answer these questions using double negatives from the above list, remembering that they refer to you:

*T.* Vede qualcosa quando è buio?

*S.* No. Non vedo niente.

1  Se la stanza è vuota, vede qualcuno?
2  Cosa vede quando chiude gli occhi?
3  Conosce qualcuno al Vaticano?
4  Un muto parla?
5  Se il ristorante non è buono, ci torna un'altra volta?
6  Chi aspetta in questo momento?
7  In un deserto c'è molto da mangiare?
8  Capisce l'arabo e il giapponese?
9  Dorme sempre durante le lezioni d'italiano?
10  Ha qualcosa nella mano sinistra?
11  Mangio qualcosa in questo momento? (*referring to the teacher*).
12  Capisce tutto quando parlo in dialetto veneziano? (*referring to the teacher*)

**F**  ECCO + object pronouns: LO/LA/LI/LE

Answer the following questions replacing the noun in the question by a suitable object pronoun.

*T.* Dov'è il treno?

*S.* Eccolo là!

1  Dov'è Luisa?
2  Dov'è il posto?

3  Dove sono i biglietti?
4  Dov'è la stazione?

5 Dov'è la sala d'aspetto?
6 Dov'è il cameriere?
7 Dove sono le chiavi?

8 Dove sono le valigie?
9 Dove sono i bagagli?
10 Dove sono i sandali?

**G** ANDARE A + infinitive (AD + vowels)

In answer to the question *dov'è?* or *dove sono?* (Where is he? Where are they?) you reply *è andato* (masc. sing.)/*è andata* (fem. sing.) *a . . .* or *sono andati* (masc. pl.)/*sono andate* (fem. pl) *a . . .* (He/she has,/they have gone to . . .).

*T.* Dov'è il mio amico?  *. . . salutare il professore.*
*S.* È andato a salutare il professore.

*T.* Dov'è la mia amica?  *. . . salutare il professore.*
*S.* È andata a salutare il professore.

*T.* Dove sono i miei amici?  *. . . salutare il professore.*
*S.* Sono andati a salutare il professore.

*T.* Dove sono le mie amiche?  *. . . salutare il professore.*
*S.* Sono andate a salutare il professore.

1 Dov'è suo marito?  *. . . comprare i biglietti.*
2 Dov'è la cameriera?  *. . . apparecchiare la tavola.*
3 Dov'è il dottore?  *. . . prendere la macchina.*
4 Dov'è Michele?  *. . . chiudere la porta.*
5 Dov'è il professore?  *. . . mangiare al ristorante.*
6 Dove sono i suoi nipoti?  *. . . scrivere le cartoline.*
7 Dove sono i signori Visconti?  *. . . vedere un film.*
8 Dove sono Luisa e sua sorella?  *salutare gli amici*
9 Dove sono i ragazzi?  *. . . guardare la televisione.*
10 Dove sono le sorelle di Laura?  *. . . comprare i regali.*

**H** Superlative—ISSIMO

*T.* È simpatico quel signore, vero?
*S.* Sì. È simpaticissimo.

*T.* È simpatica quella signora, vero?
*S.* Sì. È simpaticissima.

1 È cara quella valigia, vero?
2 È elegante quella signora, vero?
3 È bello quell'albergo, vero?
4 È ricco quel signore, vero?
5 È facile questo esercizio, vero?

6 Sono belle quelle camere, vero?
7 Sono comode quelle sedie, vero?
8 È caldo quel caffè, vero?
9 Sono bravi questi bambini, vero?
10 Sono freschi quei fiori, vero?

## Situations

1  Invent a dialogue between the ticket collector (*il controllore*) and a passenger who has lost his ticket (*Ho smarrito il biglietto*). After looking in various places with the help of the other passengers he finally finds it in his passport.
2  A passenger introduces his friend to the others in the compartment. After the introductions, each one asks of the others where they are going, and explains where his destination is, how long he is going for, and something about his family.

## Useful words and expressions

1  Dov'è . . .?   Dove sono . . .?      Ha dimenticato il biglietto?
   C'è.          Non c'è.              Sono sicuro di averlo.
   Ci sono.      Non ci sono.          Dove l'ho messo?
   È qui, lì.    Non è qui, lì.        nel: portafoglio, giornale, angolo,
   Sono qui, lì. Non sono qui, lì.          libro, passaporto
   Forse è . . . Forse sono . . .      sotto: il cuscino, il sedile
   Guardi qui.   Guardi lì.                 in tasca
   Ah, eccolo!   Come? Scusi! Prego!

2  Questo è:      il mio amico.         Questa è:       la mia amica.
                  il mio fidanzato.                     la mia fidanzata.
   Questo è:      mio marito.           Questa è:       mia moglie.
                  mio fratello.                         mia sorella.
                  mio zio.                              mia zia.
   Questi sono:   i miei figli.         Queste sono:    le mie figlie.
                  i miei fratelli.                      le mie sorelle.
   Quanti anni ha?                      È sposato?
   Quanti anni hanno?                   Sono scapolo. (Non) sono sposato.

   Per quanto tempo: va, vanno, andate, . . .? Permette?

*Seconda Scena: Ancora nello scompartimento.*
*Il cameriere annuncia il pranzo. (Sono le 12, 30.)*

| | |
|---|---|
| CAMERIERE | Primo o secondo turno, signori? |
| BRUNA | A che ora è il secondo turno? |
| CAMERIERE | Alle due, signora. Il primo è adesso. |
| BRUNA | Primo turno per tre persone, per favore. |
| ANTONIO | Io non vado al vagone ristorante. Rimango qui. Compro un cestino da viaggio alla prossima stazione. Costa solo mille lire ed è ottimo. Dentro c'è pollo, prosciutto, frutta, vino, panini . . . |
| BRUNA | (*ad Antonio*) Ha la cuccetta per stanotte? |
| ANTONIO | No. Erano tutte prenotate. Non importa. |
| | (*La sorella della signora Bruna ritorna nello scompartimento.*) |
| BRUNA | Ah, ecco mia sorella! Mia sorella Silvia . . . il signor Antonio. |
| ANTONIO | Fortunatissimo. |
| SILVIA | Molto lieta. Allora, andiamo a mangiare? Ho una fame da lupo! |
| ANTONIO | Io compro un cestino da viaggio alla prossima stazione. |
| BRUNA | Allora, permesso! |
| ANTONIO | Prego. Buon appetito! |

*Terza Scena: Sempre nello scompartimento.*
*La mattina dopo.*

| | |
|---|---|
| ANTONIO | Buongiorno. |
| BRUNA | Buongiorno. |
| ANTONIO | Ha dormito bene? |
| BRUNA | Benissimo, grazie. La cuccetta era molto comoda. Che bella giornata! Posso aprire il finestrino? |
| ANTONIO | Certo! A che ora arriviamo? |
| BRUNA | Siamo quasi arrivati. Abbiamo tutti i bagagli, Luisa? Tre valigie, un pacchetto, e due borse. È sua quella valigia sul portabagagli, signor Antonio? |
| ANTONIO | No, non è mia. Io ho una valigia soltanto. Non porto molto quando viaggio. Porto solo la roba indispensabile. |
| SILVIA | Hai tu i passaporti, Bruna? |
| BRUNA | Sì. Ho tutto nella borsa: i passaporti, i biglietti, ed il vocabolario tascabile. Non ho dimenticato nulla. (*ad Antonio*) È molto utile quando si viaggia e non si conosce bene la lingua. |
| SILVIA | (*chiama*) Facchino! Facchino! Queste valigie e queste borse. |

ANTONIO      Allora, arrivederci e buone vacanze!

BRUNA ⎫
SILVIA ⎭      Grazie, altrettanto a lei. Arrivederla!

Appena il treno è arrivato, il facchino è salito per prendere le valigie. I quattro viaggiatori sono scesi. Antonio è andato via subito. Bruna e Luisa sono rimaste indietro con il bagaglio. Silvia invece è andata avanti ed è riuscita a trovare immediatamente un tassì.

Il proprietario dell'albergo è stato molto gentile. Le ha accompagnate personalmente nella loro stanza e si è scusato:

'C'è un po' di confusione. Ieri è nato il mio primo bambino e sono troppo felice per badare all'andamento dell'albergo. Per il lieto evento sono venute molte amiche di mia moglie da Milano ed è persino tornato mio fratello dall'estero. Perdonateci dunque, e ricordate che se avete bisogno di qualcosa, siamo tutti a vostra completa disposizione.'

## Questions on the text (*Scene 2*)

1   A che ora sono il primo e il secondo turno?
2   La signora Bruna preferisce il secondo turno?
3   Cosa fa Antonio quando Bruna va al ristorante?
4   Cosa vuol fare Antonio invece di andare al ristorante?
5   Dove si mangia e dove si dorme, in treno?
6   Perchè Antonio non ha la cuccetta?
7   Perchè Bruna non va subito a mangiare?
8   Perchè Silvia vuol mangiare subito?
9   Antonio vuol comprare il cestino da viaggio, in treno?
10   Perchè Bruna dice: 'Permesso'?

## Questions for you

1   Mangia sempre nel vagone ristorante quando viaggia? Quando no, dove mangia?
2   Ha sempre buon appetito, o mangia poco in treno?
3   Cosa dice quando è in compagnia e vuole uscire un momento?
4   Quando fa un lungo viaggio, va solo o in compagnia?
5   Quand'è stata l'ultima volta che ha viaggiato in treno?
6   Preferisce uno scompartimento vuoto? Perchè?
7   Cosa fa quando aspetta il treno?
8   Cos'è più importante per lei: la comodità o la velocità? Perchè?
9   È sempre puntuale?
10   Preferisce viaggiare in treno, in aereo o in macchina? Perchè?

## Questions on the text (*Scene 3*)

1   Ha dormito male Bruna?
2   Cosa vuol fare Bruna quando vede che è una bella giornata?

3  Cosa vuol sapere Antonio?
4  Cosa vuol sapere Bruna quando sa che sono quasi arrivati?
5  Quante valigie ci sono nello scompartimento e di chi sono?
6  Perchè Antonio viaggia con una sola valigia?
7  Cosa vuol sapere Silvia?
8  Perchè Bruna ha bisogno del vocabolario tascabile?
9  Cosa vuol fare il facchino?
10  Perchè Bruna e Silvia dicono: 'Grazie, altrettanto a lei'?

## Questions for you

1  Cosa dice quando entra in classe, e cosa dice quando esce?
2  Dove va a mangiare quando non mangia a casa?
3  Dove va a bere e dove va a vedere un film?
4  Qual è la differenza fra una pensione e un albergo?
5  Se vuole una camera a buon mercato va in pensione o in albergo?
6  Quando è in vacanza va in pensione o in albergo? Perchè?
7  Va in un Paese caldo o in un Paese freddo?
8  Va in macchina o in aereo?
9  Va all'estero o rimane in Patria?

## Notes

ancora *still*
annunciare *to announce*
turno *sitting*
persona *person*
vagone ristorante *restaurant, dining-car*
cestino da viaggio *packed lunch*
prossimo *next*
ottimo *excellent*
dentro *inside*
pollo *chicken*
prosciutto *ham*
panino *roll*
stanotte *tonight*
erano tutte prenotate *they were all booked*
non importa *it doesn't matter*
ritornare *to return*
fortunatissimo *pleased to meet you, how do you do*
ho una fame da lupo *I'm starving* (lit: *I'm as hungry as a wolf*)
permesso *excuse me (when asking someone's leave to come in, go out or pass in a crowded place)*
prego *do, by all means*
sempre *still, always*
la mattina dopo *the morning after*
ha dormito bene? *did you sleep well?*

comodo *comfortable*
che bella giornata! *what a beautiful day!*
siamo quasi arrivati *we have almost arrived*
è sua . . .? *is . . . yours?*
non è mia *it's not mine*
indispensabile *indispensable*
vocabolario tascabile *pocket dictionary*
non ho dimenticato nulla *I haven't forgotten anything*
utile *useful*
si viaggia, si conosce *one travels, one knows*
lingua *language*
chiamare *to call*
facchino *porter*
buone vacanze *have a nice holiday*
appena *as soon as*
arrivare (*p.p.* arrivato) *to arrive*
salire (*p.p.* salito) salgo—sale—saliamo—salite—salgono *to get on to*
scendere (*p.p.* sceso) *to get off*
andar via (*p.p.* andato) *to go away*
rimanere (*p.p.* rimasto) *to remain*
indietro *behind*
riuscire a (*p.p.* riuscito) riesco—riesce—riusciamo—riuscite—riescono *to manage, to succeed in*

accompagnare (*p.p.* accompagnato)  *to accom-pany*
scusarsi (*p.p.* scusato)  *to excuse oneself*
un po' di confusione  *a little confusion*
nascere (*p.p.* nato)  *to be born*
felice  *happy*
badare  *to attend to*
andamento  *running*
*il* lieto evento  *the happy event*

venire (*p.p.* venuto)  *to come*
persino  *even*
tornare (tornato)  *to return*
dall'estero  *from abroad*
perdonateci  *forgive us*
ricordate  *remember*
aver bisogno di qualcosa  *to need something*
siamo tutti a vostra completa disposizione  *we are all completely at your service*

### Telling the time

| | |
|---|---|
| Che ora è, che ore sono? | *What time is it?* |
| É l'una, è mezzanotte, è mezzogiorno. | *It is one o'clock, midnight, midday.* |
| Sono le due, sono le tre. | *It's two o'clock, it's three o'clock.* |
| È l'una e cinque. | *It's five past one.* |
| Sono le due e un quarto. | *It's a quarter past two.* |
| Sono le due e mezzo. | *It's half past two.* |
| Sono le due meno un quarto. | *It's a quarter to two.* |
| Sono le tre meno venti. | *It's twenty to three.* |
| l'orologio è guasto, preciso. | *the clock (or watch) doesn't work, is accurate.* |
| va: avanti, indietro, bene. | *it's fast, slow, right.* |
| non va bene. | *it's wrong.* |

### Exercises and practice

**A** È MAI STATO/STATA etc. . . . ?+CI

Answer as in the example noticing the agreement of *stato/stata* etc.

*T.* È mai stato in Germania?     *... due volte.*
*S.* Sì. Ci sono stato due volte.

*T.* È mai stata in Germania?     *... un anno fa.*
*S.* Sì. Ci sono stata un anno fa.

*T.* Siete mai stati in Germania?     *... molte volte.*
*S.* Sì. Ci siamo stati molte volte.

*T.* Siete mai state in Germania?     *... l'anno scorso.*
*S.* Sì. Ci siamo state l'anno scorso.

1  È mai stato a Roma?     *... tre volte.*
2  È mai stato al Vaticano?     *... una volta.*
3  È mai stato in Francia?     *... quattro volte.*
4  È mai stato in Italia?     *... un anno fa.*
5  È mai stata a Perugia?     *... tre anni fa.*
6  È mai stata in Sicilia?     *... una sola volta.*

7 È mai stata a Capri?     *... l'anno scorso.*
8 È mai stata a Venezia?     *... il mese scorso.*
9 Siete mai stati al museo di Capodimonte?     *... una volta.*
10 Siete mai stati alla Scala di Milano?     *... un anno fa.*
11 Siete mai state in Sardegna?     *... molte volte.*
12 Siete mai state in Toscana?     *... parecchie volte.*

**B** Past tense of VEDERE/LEGGERE/FARE/CHIUDERE/APRIRE etc. with object pronouns.

All the verbs in this exercise are conjugated with *avere*. Use the first person singular of the past tense and object pronouns in your answer, noticing carefully how the past participles agree with the latter.

*T.* Ha portato il libro?
*S.* Sì. L'ho portato. *or* No. Non l'ho portato.

*T.* Ha portato i libri?
*S.* Sì. Li ho portati. *or* No. Non li ho portati.

*T.* Ha portato la penna?
*S.* Sì. L'ho portata. *or* No. Non l'ho portata.

*T.* Ha portato le penne?
*S.* Sì. Le ho portate. *or* No. Non le ho portate.

1 Ha visto il professore?
2 Ha letto la 'Divina Commedia'?
3 Ha fatto la spesa?
4 Ha chiuso la sua borsa?
5 Ha aperto le finestre?
6 Ha capito le prime lezioni?
7 Ha dimenticato i libri?
8 Ha capito il professore?

**C** Time

Answer giving the right time (*le otto, alle otto, alle otto e cinque*) or approximate time (*verso le otto*, etc.).

1 Che ore sono adesso?
2 A che ora va a casa, stasera?
3 A che ora va a letto, di solito?
4 A che ora è arrivato a scuola, oggi?
5 A che ora ha fatto colazione, stamattina?
6 A che ora finisce questa lezione?
7 A che ora finisce di lavorare, la sera?
8 A che ora ha cenato, ieri sera?

**D**  FRA (=in, used of time)

Use *fra* to answer all these questions.

*T.* Sono le 19,40. Carla arriva da Venezia alle 19,45. Quando arriva?
*S,* Arriva fra cinque minuti.

1  Sono le 8,30. Il treno per Parigi parte alle 10,30. Quando parte?
2  Sono le 7,00. Il treno da Napoli arriva alle 9,15. Quando arriva?
3  Sono le 9,00. Ci vediamo a mezzogiorno. Quando ci vediamo?
4  Sono le 17,00. L'aereo da Londra arriva alle 18,00. Quando arriva?
5  Sono le 20,00. Lo spettacolo inizia alle 20,20. Quando inizia?

**E**  FA (=ago)

Use *fa* to answer these questions, making sure the verb is in the past tense.

*T.* Sono le 6,00. Il treno per Torino è partito alle 5,40. Quando è partito?
*S.* È partito venti minuti fa.

1  È mezzanotte. L'aereo per Venezia è partito alle 23,15. Quando è partito?
2  Sono le 5,00. Il treno da Bari è arrivato alle 4,30. Quando è arrivato?
3  È l'una. Lo spettacolo è finito a mezzanotte. Quando è finito?
4  È mezzogiorno. Carlo è arrivato alle 11,35. Quando è arrivato?
5  Sono le 10,00. Sono uscita di casa alle 8,00. Quando sono uscita?

**F**  ESSERE (to form the past tense)

Answer the following questions which refer to you.

1  Ieri sera, è uscito o è rimasto a casa?
2  L'anno scorso, è stato in villeggiatura o non è andato in nessun posto?
3  Per venire qui, è salito o sceso?
4  L'ultima volta che è andato al cinema a che ora è uscito e a che ora è tornato a casa?
5  Quanti anni fa è nato (*born*) lei, e quanti anni fa è nata sua madre? (*you need not be too truthful!*)
6  Quanti anni fa sono morti (*died*) Churchill e Papa Giovanni? (*approx.*)
7  A che ora è arrivato a scuola e a che ora è arrivato in classe?
8  In che Paese è nato Dante, e dov'è nato lei?
9  È sempre caduto quando è scivolato?
10  Stamattina, è venuto tardi o presto a scuola?

**G**  AVERE with past tense and double negatives

Answer the following with double negatives. (*See Chapter 10*, Exercise **E**)

*T.* Ha lavorato domenica scorsa?
*S.* No. Non ho lavorato affatto. (*No. I didn't work at all.*)

1  Scusi, ha detto qualcosa?
2  Ha visto qualcuno sul tetto dell'istituto, stamattina?

3 Ha comprato qualcosa in classe, oggi?
4 Ha dormito spesso durante le lezioni?
5 Ha usato il gesso (*chalk*) e la lavagna quando ha fatto gli esercizi?

**H** QUALCHE/UN PO' DI

Although both mean 'some', *un po' di* is used with uncountable things (*un po' di carta* = some paper), *qualche* with countable ones (*qualche foglio di carta* = some sheets of paper). Note that *qualche* although followed by the singular, is plural in meaning. Replace the dashes by *Qualche* or *un po' di*.

1 Oggi c'è — confusione.
2 Ha — tempo?
3 Posso prendere — fiore?
4 C'è — lettera per me?
5 Ho portato — vino.

6 Fa sempre — regalo.
7 Nella pasta devo mettere — sale.
8 Nel tè mettete — limone.
9 Devo mettere — quadro nel salotto.
10 L'ho conosciuto — anno fa.

## Situations

1 The train stops suddenly and a suitcase falls from the rack on to a passenger's head. Panic in the compartment. Reactions of various passengers.
2 A suitcase falls open and all the contents are scattered over the floor. All the passengers help the owner to collect his belongings, specifying what they are picking up as they give it back to him.

## Useful words and expressions

1 Attenzione! Mio Dio! Aiuto!
È caduta una valigia!
In testa.
un po': d'acqua, d'aria, di profumo

Chi ha: un fazzoletto pulito,
un'aspirina, del cerotto?

Si è fatto male?
Dove le fa male?
Come si sente?
Si sente meglio?
Non è niente.

2 Dov'è: andato a finire?
andata a finire?
È suo questo . . .?
È sua questa . . .?
Che guaio! Posso aiutarla?
È: qui, lì, sotto, sopra,
indietro, dentro

Dove sono: andati a finire?
andate a finire?
Sono suoi questi . . .?
Sono sue queste . . .?

Ieri la famiglia Cioffi è arrivata all'albergo 'Santa Rosa'.

'Mezza pensione, o pensione completa ?' ha chiesto il segretario.

'Mezza pensione 2500, pensione completa 4000 lire al giorno, incluso servizio e tasse.'

'Per 4000 lire, è preferibile la pensione completa,' ha risposto la signora Cioffi.

'Se qualche volta volete star fuori tutto il giorno, e non volete mangiare qui, potete sempre ordinare dei cestini,' ha aggiunto il segretario.

Il signor Cioffi vuol fare molti bagni quest'anno. La moglie e la figlia vogliono prendere una bella tintarella prima di tornare a Londra. Non hanno bisogno della cabina. L'albergo è proprio sulla spiaggia. Possono rimanere in costume da bagno tutto il giorno. L'ombrellone e le sedie a sdraio sono incluse nel prezzo. Hanno bisogno solo di tre paia di zoccoli e di tre cappelli di paglia, perchè la sabbia ed il sole scottano. Il ragazzo ha portato i bagagli sopra. Loro hanno preso un aperitivo al bar. Il Campari era ottimo, perciò il signor Cioffi ne ha ordinati quattro invece di tre.

Hanno due belle camere con due grandi balconi che danno sul mare. Nella camera matrimoniale ci sono due armadi a muro con specchi, due sedie, una scrivania ed un grande letto morbido. Sul comodino c'è anche il telefono e la bottiglia dell'acqua con due bicchieri. Nella camera di Luisa c'è un lettino, un armadio con lo specchio, una sedia, una poltrona e un tavolinetto. Il tavolinetto serve anche da scrivania. Non hanno il bagno privato, ma hanno la doccia ed un grande lavabo, con acqua calda ed acqua fredda.

Tutti sono molto gentili. Ogni mattina la cameriera pulisce, fa i letti e cambia gli asciugamani.

La sala da pranzo è molto grande, ariosa e pulita. Su tutte le tavole ci sono sempre dei fiori. C'è anche il tè alle quattro, e possono telefonare, se vogliono prenderlo in camera o sul balcone. Le due camere sono al secondo piano. Per salire c'è l'ascensore. Il servizio è ottimo. I signori Cioffi sono molto soddisfatti e contenti.

## A Letter of Reservation to a Hotel

Spettabile Direzione
dell'Albergo Santa Rosa,
Lido di Jesolo.

Vi prego di voler riservare dal giorno 5 agosto al 10 settembre c.a., una camera matrimoniale ed una singola, possibilmente adiacenti ed entrambi con la veduta sul mare. Vi sarei grato, se poteste farmi sapere il prezzo della pensione completa, compreso il servizio e la tassa di soggiorno.

In attesa di un cortese riscontro, porgo cordiali saluti.

c.a. — corrente anno
c.m. = corrente mese

## Questions on the text

1 Con chi parlano quando arrivano al 'Santa Rosa,' i signori Cioffi?
2 Vogliono fare i bagni, tutti e tre?
3 Usano la cabina per mettere il costume da bagno?
4 È lontano il mare dall'albergo?
5 Di che cosa hanno bisogno per la spiaggia?
6 Come si sa che i signori Cioffi non pagano l'ombrellone?
7 Il bar e le camere sono allo stesso piano?
8 Cosa deve fare il ragazzo?
9 Chi ha la camera matrimoniale, e chi la singola?
10 Come si sa che il letto matrimoniale è comodo?
11 Dove sono la scrivania e la poltrona?
12 Luisa cos'ha invece della scrivania?
13 A che serve l'acqua sul comodino?

14  Cos'hanno i signori Cioffi invece del bagno privato?
15  Luisa dorme nel letto matrimoniale?
16  Cosa deve fare la cameriera ogni mattina?
17  In quale stanza sono i fiori?
18  Cosa devono fare i signori se vogliono prendere il tè in camera?
19  Cosa si fa in albergo alle quattro?
20  Cosa deve fare il cameriere quando i signori telefonano per il tè?
21  Nell'albergo, ci sono solo le scale per salire?
22  A che piano sono le due camere da letto?

## Questions for you

1   Quando va in albergo, prende sempre la pensione completa?
2   Quanto ha pagato al giorno nell'ultimo albergo in cui è stato?
3   A casa sua, ha l'ombrellone e le sedie a sdraio?
4   Prende sempre il facchino quando viaggia?
5   Che mobili ci sono nella sua camera da letto?
6   Ha finestre e balconi a casa sua?
7   In quale stanza ha il telefono?
8   Quanto tempo di solito rimane al telefono?
9   Preferisce fare il bagno o la doccia? Perchè?
10  A che ora di solito si serve il tè ed a che ora si mangia in albergo?
11  È facile trovare una cameriera nel suo Paese?
12  È mai stato in un albergo (o pensione) italiano o inglese? Com'era: pulito o sporco?
    Comodo o scomodo? Ha mangiato bene o male? C'era l'ascensore o no? Era caro
    o a buon mercato?

## Notes

ha chiesto (chiedere)  *asked*
mezza pensione, pensione completa  *half board,
    full board*
segretario  *secretary, receptionist*
incluso (includere) servizio e tasse  *including
    service and taxes*
preferibile  *preferable*
ha risposto (rispondere)  *answered*
star fuori  *to be out*
ordinare  *to order*
cestino  *packed lunch*
ha aggiunto (aggiungere)  *added*
fare i bagni  *to go bathing*
prendere una bella tintarella  *to get a nice
    sun-tan*
prima di tornare a Londra  *before going back
    to London*
aver bisogno di  *to need*

cabina  *cabin (for changing)*
è proprio sulla spiaggia  *it's right on the beach*
l' ombrellone (*masc*)  *beach umbrella*
sedia a sdraio  *deckchair*
prezzo  *price*
il paio, le paia  *pair, pairs*
cappello di paglia  *straw hat*
sabbia  *sand*
il sole  *sun*
scottare  *to burn, scorch*
sopra  *upstairs*
aperitivo  *aperitif*
era  *was*
perciò  *that's why*
invece di  *instead of*
il balcone  balcony
dare sul mare  *to look out onto the sea*
camera matrimoniale  *double bedroom*

morbido  *soft*
armadio a muro  *fitted cupboard*
specchio  *mirror*
comodino  *bedside table*
telefono  *telephone*
bottiglia  *bottle*
lettino  *single bed*
armadio  *wardrobe*
poltrona  *armchair*
tavolinetto  *small table*
servire da scrivania  *to serve as a desk*
bagno privato  *private bathroom*
doccia  *shower*

lavabo  *washbasin*
acqua fredda/calda  *cold/hot water*
pulire: pulisco—pulisce—puliamo—pulite—
  puliscono  *to clean*
fare il letto  *to make the bed*
cambiare  *to change*
arioso e pulito  *clean and airy*
telefonare  *to telephone*
secondo piano  *second floor*
salire  *to go up(stairs)*
*un* ascensore  *lift*
soddisfatto  *satisfied*
contento  *pleased, happy*

## Exercises and practice

## A  NE

Answer these questions in the following way:
Nos. 1-8

*T.* Io bevo quattro tazze di tè al giorno. E lei, quante ne beve?

*S.* Io ne bevo due. (*or whatever the number is*)

*T.* Noi beviamo quattro tazze di tè al giorno. E voi, quante ne bevete?

*S.* Noi ne beviamo due.

1  Io ho cinque paia di scarpe. E lei, quante ne ha?
2  Io ho due orologi. E lei, quanti ne ha?
3  Io ho diciotto anni. E lei, quanti ne ha? (*no need to be truthful!*)
4  Io leggo un giornale al giorno. E lei, quanti ne legge?
5  Noi scriviamo sei lettere al mese. E lei, quante ne scrive?
6  Quando andiamo in Italia, noi prenotiamo sei cuccette. E lei, quante ne prenota?
7  Io ho due sedie a sdraio. E lei quante ne ha?
8  Io prendo due cucchiaini di zucchero nel caffè. E lei quanti ne prende?

Nos. 9-18

*T.* Noi abbiamo prenotato due cuccette. Quante cuccette abbiamo prenotato?

*S.* Ne avete prenotate due.

*T.* Ho mille lire. Quante lire ho?

*S.* Ne ha mille.

Be careful to use the right person of the verb in your answer which refers to the speaker of the question. If the question is in the perfect tense the past participle must agree with 'ne' (i.e. the noun *ne* refers to)

9  Ho venti sterline. Quante sterline ho?
10  Luisa ha tre biglietti. Quanti biglietti ha?
11  Mario beve un cappuccino. Quanti cappuccini beve?
12  Mangio un panino. Quanti panini mangio?

13  Compriamo sette libri. Quanti libri compriamo?
14  Lui ha preso un gettone. Quanti gettoni ha preso?
15  Il facchino ha portato due valigie. Quante valigie ha portato?
16  Noi prenotiamo quattro camere. Quante camere prenotiamo?
17  Ho visto tre città. Quante città ho visto?
18  Il postino ha portato tre lettere. Quante lettere ha portato?

**B**  PRIMA  DI + infinitive

In this exercise join the statements in the following way, using *prima di* + infinitive.

*T.* Prima faccio l'assegno, poi vado in banca.
*S.* Prima di andare in banca, faccio l'assegno.

1  Prima chiudo le porte, poi vado a letto.
2  Prima prendo la chiave, poi esco.
3  Prima apparecchio la tavola, poi mangio.
4  Prima faccio colazione, poi leggo il giornale.
5  Prima faccio le valigie, poi vado in villeggiatura.
6  Prima faccio il biglietto, poi prendo il treno.
7  Prima facciamo la spesa, poi cuciniamo.
8  Prima verifico il conto, poi do la mancia.

**C**  DOVERE

Answer each of the following questions in *two* ways, as in the example below:

*T.* Avete ritirato i bagagli dal deposito?
*S.* No, dobbiamo ancora ritirarli. (*No, we still have to get them.*)
*S.* Sì, li abbiamo già ritirati. (*Yes, we've already got them.*)

1  Ha ordinato il pranzo?
2  Avete chiamato il cameriere?
3  Ha prenotato l'albergo?
4  Ha restituito i libri al bibliotecario?
5  Avete preparato la cena?
6  Ha letto il giornale di oggi?
7  Ha visto il preside, stamattina?
8  Ha visto quel programma alla televisione?
9  Ha fatto i compiti?
10  Ha salutato il professore d'italiano?

**D** SAPERE + infinitive with pronoun

Answer the following according to the example given, adding where appropriate, *anch'io, anche lei,* or *neanch'io, neanche lei,* etc.

*T.* Noi non sappiamo fare i tuffi; e voi?
*S.* Neanche noi sappiamo farli.
*or* Noi, sappiamo farli.
*T.* Noi sappiamo usare il telefono; e voi?
*S.* Anche noi sappiamo usarlo.
*or* Noi non sappiamo usarlo.

1  Io so fare il minestrone; e lei?
2  Io so suonare il pianoforte; e lei?
3  Noi sappiamo cantare 'Santa Lucia'; e voi?
4  Noi sappiamo usare i pronomi; e voi?
5  Io non so cucinare; e la sua amica?
6  La sarta sa cucire i vestiti; e lei?
7  Il barbiere sa tagliare i capelli; e lei?
8  Il calzolaio sa aggiustare le scarpe; e lei?
9  Io non so fare il caffè espresso; e lei?
10  Il pasticciere sa fare i dolci; e lei?

**E**  Answer as in example, making sure that the past participle agrees with the pronoun.

(*Non . . . ancora* = *not . . . yet* must be used in every answer.)

*T.* Ha visto 'La Traviata'?
*S.* No, non l'ho ancora vista.

*T.* Avete visto 'La Traviata'?
*S.* No, non l'abbiamo ancora vista.

1  Avete finito la lezione?
2  Ha comprato le cartoline?
3  Ha tolto i libri dal banco?
4  Avete corretto l'esercizio?
5  Avete fatto la ventesima lezione?
6  Ha chiuso il quaderno?
7  Ha preparato il pranzo per domani?
8  Ha messo il cappotto?

**F**  Answer Exercise **C** in the same way as Exercise **E**.

*T.* Avete ritirato i bagagli dal deposito?
*S.* No, non li abbiamo ancora ritirati.

Remember to make the past participle agree with the object pronoun.

**G**  IL NOSTRO/LA NOSTRA/I NOSTRI/LE NOSTRE

T. Abbiamo un ospite. È in terrazza.
S. Il nostro ospite è in terrazza.

T. Abbiamo degli ospiti. Sono in terrazza.
S. I nostri ospiti sono in terrazza.

1  Abbiamo una casa. È in città.
2  Abbiamo un albergo. È vicino alla spiaggia.
3  Abbiamo una macchina. È nel garage.
4  Abbiamo una pensione. È al mare.
5  Abbiamo dei costumi da bagno. Sono nella valigia.
6  Abbiamo delle valigie. Sono in treno.
7  Abbiamo delle camere. Sono al primo piano.
8  Abbiamo delle chiavi. Sono in macchina.

**H**  IL VOSTRO/LA VOSTRA/I VOSTRI/LE VOSTRE

Form questions for the first of each pair of statements in Exercise **G**. Here is No. 1 done for you:

T. Abbiamo una casa.
S. Dov'è la vostra casa?

**I**  IL LORO/LA LORO/I LORO/LE LORO

T. Hanno un cugino. È in Francia.
S. Il loro cugino è in Francia.

T. Hanno dei cugini. Sono in Francia.
S. I loro cugini sono in Francia.

1  Hanno un figlio. È in Inghilterra.
2  Hanno un bambino. È a scuola.
3  Hanno una sorella. È a Parigi.
4  Hanno una villetta. È in campagna.
5  Hanno quattro figli. Sono all'estero.
6  Hanno dei nipoti. Sono a Venezia.
7  Hanno delle fotografie. Sono nell'album.
8  Hanno delle sedie a sdraio. Sono sulla spiaggia.

**Situations**

1  A tourist in a café is sitting with a group of Italians whom he has just met. As he does not like the hotel at which he is staying (he explains the reasons), he asks the others whether they know of a better one. Each one at the table suggests an imaginary hotel, giving reasons why his choice is better than that of the others. Finally the tourist selects the one that he thinks will be most suitable. (Points that will be dis-

cussed: price, cleanliness, service, amenities, closeness to centre, closeness to beach, transport facilities, etc.)
2 A dialogue between a tourist and a hotel proprietor. He states what sort of room he wants, what meals he requires, whether or not he requires a bathroom or shower, etc. and the proprietor tries to meet his demands or suggests alternatives.

## Useful words and expressions

1 and 2

In che albergo è?

Vicino al: centro, mare          lontano dal: centro, mare
    alla: spiaggia                   dalla: spiaggia
C'è l'ascensore.                   il direttore
Il servizio: è buono          il prezzo
           non è buono       pulito, sporco
Sa il nome, l'indirizzo?     il bagno privato, la doccia
Quanto tempo si ferma?     il sapone
È caro, è a buon mercato.    l'asciugamano
La cucina è ottima.          il conto
Si mangia molto bene.       il cameriere, la cameriera
Si mangia sempre la stessa cosa.  il portiere
Una camera: libera, pulita,    il proprietario
           tranquilla, esposta   la biancheria pulita
           al sud.              senza pasti
Il rumore del traffico mi dà fastidio.  la tassa di soggiorno
Tutto quello che vuole.      tutto compreso
Quello è: migliore, peggiore,   carne fresca
    più: brutto, bello,      il piatto freddo
        piccolo, grande.     la barca
A che piano?                 il sandolino
Al primo, secondo, terzo piano.  il mare calmo, agitato
Per un mese, due settimane, etc.  la cabina
           la sabbia        il bagnino
           lo spogliatoio    remare, nuotare
           il bagnante

*Other useful words for hotels*

| | | |
|---|---|---|
| il balcone | il cestino | una lampadina |
| l'acqua potabile | un interruttore | una coperta |
| il gabinetto | una presa (di corrente) | un lenzuolo |
| il lavabo | una spina | un guanciale |
| la carta igienica | una lampada | un rubinetto |
| | il riscaldamento centrale | |

GIORGIO
ANGELA   sua moglie
PIETRO   il loro figlio

*Giorgio e sua moglie sono in vacanza. Sono andati all'aeroporto a prendere il loro figlio Pietro, che è partito da casa alcuni giorni dopo i genitori.*

ANGELA   Giorgio, a che ora hai detto che arriva l'aereo?

GIORGIO   Alle sedici e trenta.

ANGELA   Ma sono già le cinque e quaranta. Sei sicuro che Pietro ha detto alle sedici e trenta?

GIORGIO   Beh, così ha scritto nel telegramma. L'hai letto anche tu, no? Guardiamo un'altra volta. Ma dov'è? Dov'è il telegramma? Perbacco! L'ho dimenticato in albergo. Vado a prenderlo, non è lontano. Permetti un momento, cara. Vado e vengo.

PIETRO   (*all'improvviso*) Ciao mamma! Sei sola? Dov'è papà?

ANGELA   Pietro! Finalmente sei arrivato! Proprio adesso papà è andato a prendere il tuo telegramma. Non l'hai visto? Ma tu, come stai? Come mai sei arrivato così tardi? Cos'è successo?

PIETRO   Non è successo nulla. L'aereo ha fatto scalo a Genova. Abbiamo perso un po' di tempo a causa della nebbia.

ANGELA   Dunque, siete partiti tardi da Genova! Sono già le sei meno un quarto. Ho avuto tanta paura!

PIETRO   Anche noi abbiamo avuto un po' di paura. L'assistente di volo ha ordinato ai passeggeri di allacciare le cinture molto tempo prima di arrivare all'aeroporto. Per fortuna però, non c'è stato panico. Siamo rimasti tutti calmi.

ANGELA   Povero Pietro! Devi essere molto stanco! Non hai mangiato? Sei pallido! Hai dormito un po'?

PIETRO   Sto benissimo, grazie. Ho dormito a casa e ho mangiato e bevuto in aereo.

ANGELA   Hai chiuso bene prima di partire?

PIETRO   Sì, la valigia l'ho chiusa a chiave e la borsa . . .

ANGELA   Non parlo dei bagagli. Parlo della porta di casa. Non l'hai lasciata aperta, spero! L'hai chiusa bene?

PIETRO   Sì, l'ho chiusa benissimo. Ho chiuso anche le finestre.

ANGELA   Hai spento il gas? Non dire sempre di sì! Se non l'hai spento . . .

PIETRO   Non preoccuparti. L'ho spento. Ho spento anche la radio e la luce.

ANGELA   Quando hai tolto la roba dal frigorifero lo hai lasciato . . .

PIETRO   . . . aperto? Sì, l'ho pulito e l'ho lasciato aperto. Non preoccuparti! Ho preso la lista che hai messo per me sul comodino, e l'ho letta tre volte. Ho fatto tutto.

| | |
|---|---|
| ANGELA | Meno male! Mi hai tolto una grande preoccupazione. |
| PIETRO | Beh, veramente . . . ho rotto qualcosa . . . Ah, ecco papà! Ciao papà! Come stai? Poverino, sei senza fiato! |
| GIORGIO | Pietro! Caro Pietro! Ho fatto una corsa, ma sto benissimo. Sono tornato presto, però. Ho impiegato soltanto dieci minuti! Alla mia età non c'è male, vero? E tu, come stai? Cos'è accaduto? Mi sembra di aver sentito che hai rotto qualcosa . . . |
| PIETRO | Oh, nulla, nulla d'importante. Veramente, non l'ho rotta io; è stato il gatto. |
| ANGELA | Il gatto? |
| PIETRO | È entrato nella sala da pranzo e ha rotto la teiera. |
| ANGELA | La teiera di porcellana? Quando? Come? |
| PIETRO | Stamattina. È caduta a terra quando il gatto è salito sulla tavola. |
| GIORGIO | E così sei uscito senza far colazione . . . |
| PIETRO | Sono andato un momento a comprare il giornale. Ho lasciato il gatto alla vicina di casa, e quando sono ritornato, ho preso la macchinetta del caffè ed ho fatto un bel caffè all'italiana. |
| ANGELA | La macchinetta nuova? La macchinetta espresso? Mio Dio! Ma tu non sai come adoperarla! . . . |
| PIETRO | Semplice. Ho chiesto alla nostra vicina: ho messo dentro l'acqua ed il caffè, l'ho chiusa molto bene, come fai tu, ho acceso il gas ed ho aspettato un po'. Una sola cosa non ho fatto: non l'ho lavata perchè non sono riuscito ad aprirla. |
| ANGELA | Non l'hai aperta? Vuoi dire che l'hai lasciata a casa chiusa e sporca? Ma lo sai che si rovina così! |
| PIETRO | Macchè lasciata! L'ho portata con me: è qui in valigia! può aprirla papà: dice sempre che non ha abbastanza da fare quando è in vacanza. |
| GIORGIO | (*ironico*) Grazie del regalo! Non hai portato per caso anche i pezzi della teiera? |

## Questions on the text

1 Come sanno i genitori di Pietro, che il figlio arriva alle 16,30?
2 Soltanto Giorgio ha letto il telegramma?
3 Perchè non lo rilegge all'aeroporto?
4 Quando Pietro arriva, perchè non trova tutti e due i genitori all'aeroporto?
5 Perchè Pietro è arrivato così tardi?
6 Ha chiuso la porta di casa prima di partire, o l'ha lasciata aperta?
7 Ha lasciato aperte le finestre ed il frigorifero?
8 Cosa ha lasciato nel frigorifero?
9 Ha lasciato accesa la radio e la luce?
10 Come mai Pietro si è ricordato di fare tutto?
11 Non ha fatto niente prima di partire?
12 Perchè suo padre è arrivato all'aeroporto senza fiato?

13  L'ha rotta Pietro la teiera?
14  Cos'ha fatto Pietro quando il gatto ha rotto la teiera?
15  Cos'ha fatto quando è ritornato a casa?
16  Ha bevuto il tè a colazione?
17  Come ha fatto il caffè?
18  Ha chiuso male la macchinetta espresso?
19  Come mai non è riuscito ad aprire la macchinetta?
20  Ha spento il gas prima di fare il caffè?

## Questions for you

1  Ha mai rotto qualcosa? Cosa e come?
2  Ha mai chiuso qualcosa che dopo non è riuscito ad aprire? (valigie, scatole, macchinette, pacchetti, rubinetto ecc.) Cos'è successo? Cos'ha fatto per aprirli?
3  Parli dell'ultima volta che ha aspettato qualcuno all'aeroporto o alla stazione, oppure inventi una situazione simile. Quanto tempo ha aspettato?
4  Dov'è stato: ieri mattina, ieri pomeriggio, ieri sera?
5  Come ha trascorso il weekend? Dov'è andato? Cos'ha fatto?
6  Descriva con tutti i dettagli come preparare la colazione del mattino.
7  Oggi prima di uscire, dove ha messo: il latte; il tè; il caffè; lo zucchero; le chiavi; il giornale; i piatti; i fiammiferi?
8  A casa, cosa ha aperto e cosa ha chiuso prima di venire a scuola?
9  Che cos'ha acceso e che cos'ha spento ieri?
10  Cosa ha visto alla televisione, sentito alla radio o letto sul giornale questa settimana?

## Notes

aeroporto  *airport*
loro  *their*
andare a prendere  *to fetch, collect*
alcuni giorni dopo  *a fews day later*
dire (*p.p.* detto)  *to say*
aereo  *aeroplane*
sicuro  *sure*
così ha scritto (scrivere)  *that's what he wrote*
*il* telegramma  *telegram*
leggere (*p.p.* letto)  *to read*
*l'* hai letto anche tu, no? (leggere)  *you read it too, didn't you?*
guardiamo un'altra volta  *let's have another look*
perbacco  *good heavens*
dimenticare  *to forget*
permetti un momento (informal 'tu' form from 'permettere')  *excuse me a moment*

vado e vengo  *I'll be right back*
all'improvviso  *suddenly*
sei sola?  *are you alone?*
papà  *dad*
finalmente sei arrivato!  *you've arrived at last!*
proprio adesso  *just this minute*
tuo (informal)  *your*
non l'hai visto? (vedere)  *haven't you seen him?*
ma tu, come stai?  *but how are you?*
come mai . . .?  *why . . .?*
così tardi  *so late*
cos'è successo? (succedere)  *what happened?*
nulla  *nothing*
fare scalo  *to make an intermediate landing*
Genova  *Genoa*
perdere (*p.p.* perso)  *to lose*
un po' di tempo  *a bit of time*
a causa della nebbia  *because of fog*

dunque *so*
partire (*p.p.* partito) *to leave*
ho avuto tanta paura *I was so frightened*
un'assistente di volo *air hostess*
passeggiero *passenger*
allacciare *fasten*
cintura *safety-belt*
per fortuna *fortunately*
non c'è stato panico *there was no panic*
tutti *everybody*
calmo *calm*
devi essere *you must be*
pallido *pale*
bere (*p.p.* bevuto): bevo—beve—beviamo—
   bevete—bevono *to drink*
chiudere (*p.p.* chiuso) *to close*
chiudere a chiave *to lock*
*la* porta di casa *front door*
lasciare *to leave*
sperare *to hope*
finestra *window*
spegnere (*p.p.* spento): spengo—spegne—
   spegniamo—spegnete—spengono *turn out,
   put off*
*il* gas *gas*
dire di sì: dico—dice—diciamo—dite—dicono
   *to say yes*
non preoccuparti (preoccuparsi) *don't worry*
*la* radio *radio*
*la* luce *light*
tolto (*p.p.* of togliere) *to take*
frigorifero *refrigerator*
aperto *open*
prendere (*p.p.* preso) *to take*
mettere (*p.p.* messo) *to put*
fare (*p.p.* fatto) *to do*
meno male! *that's lucky!*
mi hai tolto una grande preoccupazione *you've
   taken a load off my mind*
rompere (*p.p.* rotto) *to break*

qualcosa *something*
poverino *poor thing*
senza fiato *breathless, out of breath*
corsa *run*
impiegare *to take*
età *age*
non c'è male, vero? *it's not bad, is it?*
accadere (*p.p.* accaduto) *to happen*
mi sembra di aver sentito *I think I heard*
gatto *cat*
entrare (*p.p.* entrato) *to enter*
porcellana *china*
come? *how?*
stamattina *this morning*
è caduta a terra *it fell on to the floor*
uscire (*p.p.* uscito) esco—esce—usciamo—
   uscite—escono *to go out*
*la* vicina (di casa) *neighbour*
*la* macchinetta del caffè *coffee machine*
*il* caffè all'italiana *Italian style coffee*
Dio, mio Dio! *God, my goodness!*
sapere (*p.p.* saputo): so—sa—sappiamo—
   sapete—sanno *to know (how)*
adoperare *to use*
chiedere (*p.p.* chiesto) *to ask*
come fai tu *as you do*
accendere (*p.p.* acceso) *to turn on, light*
cosa *thing*
lavare *to wash*
aprire (*p.p.* aperto) *to open*
vuoi dire . . .? *do you mean . . .?*
sporco *dirty*
ma lo sai che si rovina così! *but you know it
   gets ruined like that!*
macché lasciata, l'ho portata con me! *of
   course I didn't leave it, I brought it with me!*
non avere abbastanza da fare *not to have
   enough to do*
ironico *ironically*
pezzo *piece*

## Exercises and practice

**A** L'/LI/LE with perfect tense + PROPRIO ADESSO

Be careful to make the pronoun agree with the past participle.

*T.* Ha imbucato la lettera?
*S.* Sì. L'ho imbucata proprio adesso.

*T.* Ha imbucato le lettere?
*S.* Sì. Le ho imbucate proprio adesso.

*T.* Ha fatto i biglietti?
*S.* Sì. Li ho fatti proprio adesso.

| | |
|---|---|
| 1 Ha bevuto il vino? | 9 Ha mandato i telegrammi? |
| 2 Ha fatto il tè? | 10 Ha comprato i piatti? |
| 3 Ha visto il professore? | 11 Ha mangiato i ravioli? |
| 4 Ha letto il giornale? | 12 Ha fatto gli esercizi? |
| 5 Ha visto il Papa? | 13 Ha chiuso le valigie? |
| 6 Ha spento la luce? | 14 Ha aperto le finestre? |
| 7 Ha acceso la radio? | 15 Ha preso le chiavi? |
| 8 Ha allacciato la cintura? | |

**B**  L'/LI/LE with perfect tense + GIÀ

*T.* Quando imbuca la lettera?
*S.* L'ho già imbucata.

*T.* Quando imbuca le lettere?
*S.* Le ho già imbucate.

*T.* Quando fa i biglietti?
*S.* Li ho già fatti.

| | |
|---|---|
| 1 Quando beve il vino? | 9 Quando manda i telegrammi? |
| 2 Quando fa il tè? | 10 Quando compra i piatti? |
| 3 Quando vede il professore? | 11 Quando mangia i ravioli? |
| 4 Quando legge il giornale? | 12 Quando fa gli esercizi? |
| 5 Quando vede il Papa? | 13 Quando chiude le valigie? |
| 6 Quando spegne la luce? | 14 Quando apre le finestre? |
| 7 Quando accende la radio? | 15 Quando prende le chiavi? |
| 8 Quando allaccia la cintura? | |

**C**  L'/LI/LE with perfect tense + NON . . . MAI . . . PRIMA

*T.* È la prima volta che beve il tè?
*S.* Sì. È la prima volta. Non l'ho mai bevuto prima.

1 È la prima volta che legge quest'autore?
2 È la prima volta che apre questa finestra?
3 È la prima volta che guarda la televisione a colori?
4 È la prima volta che fa il caffè espresso?
5 È la prima volta che visita la Fiera di Milano?
6 È la prima volta che allaccia la cintura?
7 È la prima volta che vede il dottore?
8 È la prima volta che lascia i suoi genitori?
9 È la prima volta che sente questa musica?
10 È la prima volta che fa questi esercizi?

**D** LO/LA/LI/LE/L` + Present with È LA PRIMA VOLTA CHE . . .

*T*. Non ha mai bevuto il Campari?
*S*. No. È la prima volta che lo bevo.

1 Non ha mai visto il Papa?
2 Non ha mai preso l'aereo?
3 Non ha mai perso le chiavi?
4 Non ha mai dimenticato i libri?
5 Non ha mai pulito la macchina?
6 Non ha mai usato la macchinetta espresso?
7 Non ha mai aperto questo libro?
8 Non ha mai apparecchiato la tavola?

**E** LO/LA/LI/LE/L` + Present with NON IMPORTA . . . DOPO

In the response use the same person of the verb as in the exclamation.

*T*. Ma non ha ancora scritto la lettera!
*S*. Non importa. La scrive dopo.

*T*. Ma non abbiamo ancora scritto la lettera!
*S*. Non importa. La scriviamo dopo.

*T*. Ma non hanno ancora scritto le lettere!
*S*. Non importa. Le scrivono dopo.

1 Ma non ha ancora imbucato le cartoline!
2 Ma non ha ancora fatto i biglietti!
3 Ma non ha ancora mandato il telegramma!
4 Ma non abbiamo ancora comprato i francobolli!
5 Ma non abbiamo ancora cambiato i soldi!
6 Ma non abbiamo ancora messo le posate!
7 Ma non hanno ancora ordinato il vino!
8 Ma non hanno ancora aperto le valigie!
9 Ma non avete ancora spento il gas!
10 Ma non avete ancora pulito il frigorifero!
11 Ma non avete ancora fatto gli esercizi!
12 Ma non hanno ancora fatto i bagagli!

**F** Pronoun with perfect tense + GIÀ

*T*. Vuole andare a vedere l'aeroporto?   *S*. No. L'ho già visto.

1 Vuole leggere il telegramma?
2 Vuole scrivere le cartoline?
3 Deve fare il biglietto?
4 Deve fare il tè?
5 Deve fare i bagagli?
6 Deve chiudere le valigie?
7 Deve spegnere la radio?
8 Deve lavare le camicie?
9 Deve preparare la colazione?
10 Deve chiamare il facchino?
11 Vuole comprare i francobolli?
12 Vuole salutare la sua amica?

**G** CE N'È/ CE NE SONO

T. Quanti bicchieri ci sono sulla tavola?     *(1)*
S. Ce n'è uno.

T. Quanti bicchieri ci sono sulla tavola?     *(6)*
S. Ce ne sono sei.

T. Quante tazze ci sono sulla tavola?     *(1)*
S. Ce n'è una.

1 Quante camere ci sono in questo albergo?     *(120)*
2 Quante sedie ci sono nella sala da pranzo?     *(12)*
3 Quante poltrone ci sono nel salotto?     *(3)*
4 Quante scrivanie ci sono nello studio?     *(1)*
5 Quante finestre ci sono in questa camera?     *(2)*
6 Quanti posti ci sono in questo scompartimento?     *(8)*
7 Quanti letti ci sono nella camera matrimoniale?     *(1)*
8 Quanti studenti ci sono in quest'aula?     *(30)*
9 Quante bottiglie ci sono sulla tavola?     *(1)*
10 Quanti alberghi ci sono in questa città?     *(6)*

**H** Perfect Tense with ESSERE

Answer according to the person of the verb in the question. In Nos. 1-10 answer
with *ci*.

T. È mai stato in Italia?
S. Come no! Ci sono stato tante volte.

T. Siete mai stati in Italia?
S. Come no! Ci siamo stati tante volte.

T. È mai uscito a quest'ora?
S. Come no! Sono uscito tante volte a quest'ora.

T. Siete mai usciti a quest'ora?
S. Come no! Siamo usciti tante volte a quest'ora.

| | |
|---|---|
| 1 È mai venuto a Venezia? | 10 Siete mai entrati nel Foro? |
| 2 È mai andato all'aeroporto? | 11 È mai uscito con lui? |
| 3 È mai stato a Roma? | 12 È mai arrivato in ritardo? |
| 4 È mai ritornato in Italia? | 13 È mai caduto? |
| 5 È mai entrato in quel museo? | 14 È mai partito a quest'ora? |
| 6 Siete mai venuti a Venezia? | 15 Siete mai arrivati in ritardo? |
| 7 Siete mai stati a Roma? | 16 Siete mai entrati? |
| 8 Siete mai ritornati in Italia? | 17 Siete mai caduti? |
| 9 Siete mai andati al mare? | 18 Siete mai partiti di notte? |

**I**   Possessives without article

Answer these questions (singular or plural) with the appropriate possessive without the article.
(Nos. 1-5 refer to you.)

*T.* Sono vostre queste aranciate? Sì, . . . No, . . .
*S.* Sì, sono nostre. *or*
*S.* No, non sono nostre.

1   È sua questa macchina? Sì, . . .
2   Sono vostri questi cioccolatini? Sì, . . .
3   Sono sue queste diapositive? No, non . . .
4   Sono suoi questi cerini? Sì, . . .
5   È suo questo fazzoletto? No, non . . .
6   Sono di Maria questi libri? Sì, . . .
7   Sono di Carlo queste matite? Sì, . . .
8   È del professore questo posto? No, non . . .
9   È di Mario questo chinotto? Sì, . . .
10  È di Fulvia questa fotografia? Sì, . . .

**J**   ALCUNI/ALCUNE/Partitive article

Choose between *alcuni/alcune* and *del/della* etc.
Use *alcuni/alcune* in a stressed position or for contrast.

1   — persone vanno al mare, altre in montagna.
2   In — giorni è felice, in altri è triste.
3   Egli ha    carta da lettere.
4   Compra — formaggio piccante.
5   — notizie sono vere, altre false.
6   Ci sono solamente — bambini che nascono molto intelligenti.
7   Solo — ragazze moderne sono carine.
8   In quella vetrina ho visto — abiti bellissimi.

**Situations**

1   A dialogue between two persons about to go on holiday; at the last moment one asks the other where he or she has put the various articles to be taken on holiday and whether the cases have been closed, the gas shut off, the doors locked, etc. (Use the perfect tense throughout, and in answer to the questions, as many object pronouns as possible.)

2   Imagine you have to prepare tea or coffee for guests but have nothing in the house. Describe step by step what you have to do (*devo* + infinitive). Then describe in the present tense what you are doing to prepare the tea or coffee, using as many pronouns as possible.

3  Describe in detail how you arrived here from the moment you left home.
4  Imagine you have just made a journey by air: you have just arrived back. What did you do from the moment you went to the airport to take the plane, up till now. Describe what you and the other passengers did during the flight, and the scene of welcome that greeted you on landing.

## Useful words and expressions

1  Dove ha: messo, lasciato, portato?
   L'ho messo, l'ho messa,
      li ho messi, le ho messe.
   L'ho lasciato, portato.

Ha: chiamato, salutato, visto, chiesto
   perduto (perso), verificato

2  Devo: uscire, scendere, salire,
      comprare, prendere, entrare,
      chiedere, aprire, aspettare,
      pagare, ringraziare, mettere,
      ritornare, chiudere, accendere,
      preparare, offrire, portare,
      girare a destra, a sinistra, fare.

Prendo il caffè, il tè, lo metto nella macchinetta, nella teiera, etc. (continuing to use as many pronouns as possible).

3  Ho preso: il treno, la metropolitana,
      l'autobus, il tassì.
   Sono venuto: a piedi, in macchina, in
      autobus, in treno,
      in tassì.
   Sono salito: in macchina, sul treno.
   Sono sceso: dalla macchina, dal treno
      dall'autobus, dal tassì.
   Con: la scala mobile, l'ascensore.

Ho attraversato: la strada, la piazza, la villa.
Ho girato: a destra, a sinistra, all'angolo.
Ho camminato sempre diritto.
Ho aperto, chiuso (a chiave): la porta, la valigia, la borsa.
Ho acceso, spento: la luce, la radio, la televisione, il gas.

4  Sono salito in aereo.
   Sono sceso dall'aereo.
   Ho chiamato il tassì.
   Ho: salutato, preso, messo, pagato,
      comprato, mangiato, dormito,
      parlato, letto, scritto, visto,
      guardato, incontrato, conosciuto,
      presentato.
   C'è ancora tempo.

Abbiamo, non abbiamo:
   fatto scalo a, avuto paura, chiamato l'assistente di volo, chiesto, fatto un buon viaggio.
Posto N° 50.
Il suo volo è alle 12,30.
Ha diritto di portare fino a 20 chili di bagaglio.

Conoscete il mio amico preferito? Si chiama Giovanni. È alto, biondo, simpaticissimo, e gentilissimo con tutti. A differenza dei suoi amici, non si arrabbia mai, neppure se gli danno torto quando ha ragione. Ha trent'anni, ma almeno per il momento, non ha intenzione di sposarsi. Sapete perchè? Perchè lui vuol bene a tutte le donne e tutte le donne vogliono bene a lui. Gli piace far complimenti ed anche riceverne. Afferma che un complimento fa bene a tutti, anche a quelli che dicono di non volerne. È un bravissimo ragazzo, Giovanni. Fa una vita piuttosto modesta: la mattina si alza alle otto, prende il caffè latte, si veste, esce di casa alle 8, 20. Al ritorno dal lavoro, si affretta a fare la doccia, poi si cambia per correre in piazza dagli amici che l'aspettano. Quando sono stanchi di passeggiare su e giù per il paese, si riuniscono nel caffè dove fanno una partita a carte o giocano a biliardo sino a tarda ora.

Il sabato e la domenica, se non va in nessun posto per il weekend, passa le due serate a ballare o al cinema. L'unico difetto che ha, è quello di coricarsi sempre tardi la sera, e di non voler mai alzarsi la mattina. Per questa ragione non riesce mai a trovarsi in ufficio alle 8, 30, ora in cui il lavoro comincia. Infatti, una volta con una scusa, una volta con un'altra, non arriva mai prima delle 8, 35. È vero che per non perder tempo la mattina, si lava e si rade la sera prima; ma nonostante ciò, come dicevo, fa sempre tardi.

Stamane però, a causa di un brutto sogno, si è svegliato di soprassalto. A differenza del solito, non ha potuto più riaddormentarsi. Si è lavato e si è raso un'altra volta, poi, siccome era troppo presto per avviarsi, si è messo a leggere un romanzo. Alle 8,00 precise ha chiuso il libro: 'Devo arrivare in orario questa volta!' si è detto mentre si metteva il berretto e scappava all'ufficio.

In via Roma, davanti alla posta, mentre attraversava la strada con altri due pedoni, per voltarsi a guardare una bella ragazza che passava in quel momento, non ha visto una macchina che correva a tutta velocità. Per fortuna l'autista ha frenato, ma l'auto è slittata. Purtroppo è sbattuta contro il marciapiede. Per fortuna nessuno s'è fatto male. Giovanni, aiutato da un pedone, si è alzato ed ha proseguito per l'ufficio.

Purtroppo, anche stamane ha fatto tardi. Comunque, era contento lo stesso, perchè (per fortuna!) almeno per questa volta, aveva una buona scusa.

## Questions on the text

1  Si arrabbia sempre Giovanni, quando gli danno torto?
2  Come reagiscono i suoi amici quando si dà loro torto?
3  Come si sa che Giovanni piace alle donne?
4  In che modo Giovanni fa piacere agli altri?
5  Fa il bagno quando torna a casa?
6  Perchè corre in piazza?

7  Perchè si alza tardi la mattina?
8  Cosa deve fare la sera per non perder tempo la mattina?
9  Come si sa che qualche volta non è puntuale?
10  Di solito a che ora si avvia la mattina, e a che ora si è avviato stamane?
11  Si rade sempre di mattina?
12  Di solito, rimane sveglio dopo un brutto sogno?
13  Ha chiuso il romanzo, prima di leggere?
14  Stamane, perchè è scappato all'ufficio?
15  Cosa facevano i pedoni quando lui si è voltato a guardare la ragazza?
16  Ha parlato con la ragazza?
17  Cos'ha fatto il pedone per Giovanni?
18  Era in piedi quando il pedone è accorso in suo aiuto?*
19  Giovanni, dov'è andato dopo l'incidente?
20  Perchè stamane non si preoccupava di arrivare tardi al lavoro?

  * è accorso in suo aiuto = *he rushed to his aid.*

### Questions for you

1  Cosa fa la mattina appena si al...a?
2  Cosa fa col sapone, col pettine, con l'asciugamano, col rasoio?
3  Cosa fa dopo colazione?
4  Cosa vede quando esce di casa?
5  Quando prende il tassì?
6  Sa guidare la macchina e la vespa?
7  Che mezzo ha preso per venire a scuola, oggi?
8  Descriva in poche parole un incidente stradale.
9  Cosa fa se vede un incidente stradale?

10  Faccia un complimento al suo vicino di banco!
11  Qual è il più bel complimento che abbia mai ricevuto?
12  Descriva se stesso ed il suo professore.

## Notes

*il* mio amico preferito  *my best friend*
  si chiama (chiamarsi)  *he is called, his name is*
  alto, biondo  *tall, fair*
  simpatic*i*ssimo, gentil*i*ssimo  *very nice, very kind*
  a differenza di  *unlike*
  si arrabbia (arrabbiarsi)  *to get angry*
  neppure  *not even*
  gli danno torto (dare torto a)  *they say that he's in the wrong.* cf: 'dar ragione a'—*to say someone is in the right*
  almeno  *at least*
  avere intenzione di  *to intend*
  sposarsi  *to get married*
  voler bene a  *to be fond of* (*only of people and animals*)
  gli piace far complimenti e . . . riceverne  *he likes paying compliments and receiving them*
  affermare  *to declare*
  far bene a  *to do good to*
  brav*i*ssimo  *very good*
  fare una vita piuttosto modesta  *to lead a rather simple life*
  si alza (alzarsi)  *he gets up*
*il* caffè latte, il latte  *white coffee, milk*
  si veste (vestirsi)  *he dresses*
  uscire di casa  *to leave home*
  al ritorno dal lavoro  *on his way back from work*
  si affretta (affrettarsi) a  *he hurries off*
  fare la doccia  *to have a shower*
  poi si cambia (cambiarsi)  *then he changes*
  correre  *to run, dash*
  passeggiare su e giù per il paese  *to stroll to and fro in the village*
  si riuniscono (riunirsi)  *they gather*
  fare una partita a carte  *to have a game of cards*
  giocare a biliardo  *to play billiards*
  sino a tarda ora  *till very late*
  nessun posto  *nowhere, anywhere*
  passare la serata  *to spend the evening*
  ballare  *to dance*
  l'*u*nico difetto che ha è quello di . . .  *the only thing wrong with him is that . . .*
  coricarsi  *to go to bed*
  per questa ragione  *for this reason*
  trovarsi  *to be*
  uff*i*cio  *office*
  ora in cui . . .  *the time when*

comincíare  *to begin*
infatti  *and in fact*
scusa  *excuse*
prima delle 8,35  *before 8.35*
è vero che  *it's true that*
perder tempo  *to waste time*
si lava (lavarsi)  *he washes*
si rade (radersi)  *he shaves*
la sera prima  *the previous evening, the night before*
ma nonostante ciò  *but in spite of that*
come dicevo  *as I was saying*
far tardi  *to be late*
stamane  *this morning*
brutto sogno  *horrible dream*
si è svegliato (svegliarsi)  *he woke up*
di soprassalto  *with a start*
a differenza del solito  *contrary to his usual habit*
riaddormentarsi  *to go back to sleep*
si è lavato, si è raso, etc.  *he washed, he shaved, etc.*
siccome era troppo presto  *as it was too early*
avviarsi  *to set out, to leave*
mettersi a leggere  *to begin to read*
romanzo  *novel*
alle otto precise  *at eight o'clock sharp*
arrivare in orario  *to arrive on time*
dirsi  *to say to oneself*
mentre si metteva il berretto  *while he was putting his beret on*
scappare  *to dash off*
via, strada  *road, street*
davanti alla posta  *in front of the post office*
attraversare  *to cross*
*il* pedone  *pedestrian*
  voltarsi  *to turn round*
  correre a tutta velocità  *to go at full speed*
*un* autista  *driver*
  frenare  *to brake*
*un'*auto  *car*
  slittare  *to skid*
  sbattere contro  *to knock, bump into*
*il* marciapiede  *pavement*
  nessuno s'è fatto male  *no one was hurt*
  aiutato da  *helped by*
  proseguire  *to continue* (*to go*)
  comunque era contento  *however he was happy*
  lo stesso  *just the same*
  era (essere), aveva (avere)  *he was, he had*

**Exercises and practice**

**A**  Reflexive verbs: Present tense

MI  *myself*                              CI  *ourselves*
TI  *yourself*                            VI  *yourselves*
SI  *yourself, himself, herself*          SI  *themselves*

Answer using the same verb as in the first part of the sentence. Notice that in Nos. 3-7 you must supply the times yourself.

*T.* Giovanni si siede sul divano, ma io ... sulla poltrona.
*S.* Giovanni si siede sul divano, ma io mi seggo sulla poltrona.

1  Il mio amico si chiama Giovanni, ma io ...
2  Giovanni non si arrabbia mai, ma io ... spesso.
3  Giovanni si sveglia alle otto meno un quarto, ma io ...
4  Giovanni si alza alle otto, ma io ...
5  Giovanni si lava alle otto e cinque, ma io ...
6  Giovanni si veste alle otto e un quarto, ma io ...
7  Giovanni si corica a mezzanotte, ma io ...
8  Gl'italiani si coricano molto tardi, ma noi ... piuttosto presto.
9  Gl'italiani si arrabbiano spesso, ma noi ... raramente.
10  Gl'italiani si riposano dopo pranzo, ma noi non ... di pomeriggio.

**B**  Reflexive verbs: Present tense

The following questions, which are in the perfect tense, refer to you, and must be answered in the present.

*T.* Si è vestito?
*S.* Un momento. Mi vesto subito.

*T.* Vi siete vestiti?
*S.* Un momento. Ci vestiamo subito.

| | | | |
|---|---|---|---|
| 1 | Si è lavato? | 8 | Si è preparato? |
| 2 | Si è pettinato? | 9 | Vi siete svestiti? |
| 3 | Si è cambiato? | 10 | Vi siete lavati? |
| 4 | Si è raso? | 11 | Vi siete coricati? |
| 5 | Si è asciugato? | 12 | Vi siete rasi? |
| 6 | Si è coricato? | 13 | Vi siete asciugati? |
| 7 | Si è seduto? | 14 | Vi siete cambiati? |

**C**  Reflexive verbs: Perfect tense

Now do Exercise **B** in the following way:

*T.* Si è vestito?                          *T.* Vi siete vestiti?
*S.* Sì. Mi sono vestito poco fa.           *S.* Sì. Ci siamo vestiti poco fa.

**D**  Reflexive verbs

Here is a list of reflexive verbs in the infinitive: *alzarsi, cambiarsi, perdersi, lavarsi, addormentarsi, radersi, bagnarsi, sedersi, divertirsi, riposarsi, vestirsi, pettinarsi, svegliarsi, ubriacarsi, sporcarsi, asciugarsi.*

Using them only once each, complete the following sentences, making sure that you use the same person as in the first part of the sentence.

1  Se siamo stanchi, ...
2  Se sono stanco di stare in piedi, ...
3  Se siamo spettinati, ...
4  Se hanno la barba, ...
5  Se non volete andare a teatro con lo stesso vestito, ...
6  Se cammino sotto la pioggia senza ombrello, ...
7  Se sono a letto e devo uscire, ...
8  Se bevo troppo vino, ...
9  In una città che non conosciamo, ...
10  Dopo che ha dormito, ...
11  Se sono sporco, ...
12  Se è svestito, ...
13  Se ho sonno, ...
14  Se andiamo a una festa, ...
15  Se camminate nel fango, ...
16  Se siamo bagnati, ...

**E**  Repeat the above exercise preceding each of the verbs you have used by the appropriate person of *dovere*:

*T.* Se siamo stanchi ...
*S.* Se siamo stanchi dobbiamo riposarci.

(The second verb, of course, must now be in the infinitive.) Omit Nos. 6, 8, 9, and 15.

**F**  Perfect tense of Reflexive Verbs

Complete the following sentences using the appropriate reflexive verb in the perfect tense and the first person singular.

*T.* Stamane, quando ho visto la sedia, ...
*S.* Stamane, quando ho visto la sedia, mi sono seduto.

1  Stamattina, col sapone, ...
2  Stamattina, col pettine, ...
3  Stamattina, con l'asciugamano, ...
4  Due giorni fa, col rasoio elettrico, ...
5  La settimana scorsa, alla festa, ...
6  L'altro ieri ho bevuto troppo vino e ...
7  Due settimane fa, camminavo sotto la pioggia ...
8  Due ore fa, ero stanco e ...

**G** Imperfect tense

*T.* Mi dica un po': fumava quando era studente?
*S.* No. Non fumavo *or* Sì. Fumavo molto.

*T.* Ditemi un po': fumavate quando eravate studenti?
*S.* No. Non fumavamo. *or* Sì. Fumavamo molto.

1 Mi dica un po': usciva quando era in Italia?
2 Mi dica un po': lavorava quando era all'estero?
3 Mi dica un po': studiava quando andava a scuola?
4 Mi dica un po': guidava quando aveva diciotto anni?
5 Mi dica un po': viaggiava quando abitava a Roma?
6 Mi dica un po': giocava a tennis quando era piccolo?
7 Mi dica un po': ballava quando era ragazzo?
8 Ditemi un po': lavoravate quando eravate all'estero?
9 Ditemi un po': studiavate quando andavate a scuola?
10 Ditemi un po': giocavate a tennis quando eravate piccoli?

**H** Imperfect tense: ERO/ERAVAMO

*T.* Ebbene, perchè non è uscito ieri?      *... stanco.*
*S.* Perchè ero stanco.

*T.* Ebbene, perchè non siete usciti ieri?      *... stanchi.*
*S.* Perchè eravamo stanchi.

1 Ebbene, perchè non è venuto ieri?      *... impegnato.*
2 Ebbene, perchè non ha telefonato?      *... malato.*
3 Ebbene, perchè non ha fatto l'esercizio?      *... indisposto.*
4 Ebbene, perchè è tornato subito?      *... bagnato.*
5 Ebbene, perchè non siete venuti ieri sera?      *... impegnati.*
6 Ebbene, perchè siete tornati subito?      *... bagnati.*
7 Ebbene, perchè non avete telefonato ieri?      *... indisposti.*
8 Ebbene, perchè non avete fatto l'esercizio?      *... malati.*

**I** Imperfect: ERA/ERANO

*T.* Come mai non ha fatto la traduzione?      *... troppo difficile,*
*S.* Perchè era troppo difficile.

*T.* Come mai non ha fatto le traduzioni?      *... troppo difficili.*
*S.* Perchè erano troppo difficili.

1 Come mai non ha comprato la borsa di coccodrillo?      *... troppo cara.*
2 Come mai non ha bevuto quel caffè?      *... troppo forte.*
3 Come mai non ha portato la valigia?      *... troppo pesante.*
4 Come mai non ha comprato le tazze da tè?      *... troppo care.*
5 Come mai non ha preso quelle caramelle?      *... troppo forti.*
6 Come mai non ha portato le valigie?      *... troppo pesanti.*

**J**  Imperfect: AVEVO/AVEVAMO

*T.* Perchè non ha scritto?    ... *l'indirizzo.*
*S.* Perchè non avevo l'indirizzo.

*T.* Perchè non avete scritto?    ... *l'indirizzo.*
*S.* Perchè non avevamo l'indirizzo.

1  Perchè non ha telefonato?    ... *il numero.*
2  Perchè non ha imbucato le cartoline?    ... *i francobolli.*
3  Perchè non ha fatto la granita?    ... *il ghiaccio.*
4  Perchè non ha fatto le fotografie?    ... *la macchina fotografica.*
5  Perchè non è andato all'estero?    ... *il passaporto.*
6  Perchè non ha fatto il caffè stamattina?    ... *la macchinetta.*
7  Perchè non ha aspettato?    ... *tempo.*
8  Perchè non ha chiuso le valigie ieri?    ... *le chiavi.*
9  Perchè non avete imbucato le lettere?    ... *i francobolli.*
10  Perchè non avete fatto gli esercizi?    ... *il dizionario.*
11  Perchè non avete telefonato?    ... *il numero.*
12  Perchè non avete scritto dall'Italia?    ... *l'indirizzo.*

**K**  Present tense

*T.* Prima usciva sempre.
*S.* Ma adesso non esce più.

1  Prima scriveva sempre.
2  Prima veniva sempre.
3  Prima telefonava sempre.
4  Prima pagava sempre.
5  Prima leggeva sempre.
6  Prima aspettava sempre.
7  Prima salutava sempre.
8  Prima parlava sempre.
9  Prima viaggiava sempre.
10  Prima si arrabbiava sempre.

**L**  Imperfect

*T.* Adesso non escono più.
*S.* Prima uscivano sempre.

1  Adesso non leggono più.
2  Adesso non vengono più.
3  Adesso non pagano più.
4  Adesso non scrivono più.
5  Adesso non telefonano più.
6  Adesso non viaggiano più.
7  Adesso non si arrabbiano più.
8  Adesso non parlano più.
9  Adesso non aspettano più.
10  Adesso non salutano più.

## Situations

Good Excuses
Give a good (and convincing) excuse in Italian for each of the following:
1  Not going to a wedding of a friend.
2  Not being able to go to the theatre with a friend.
3  Not being able to meet a friend at the airport.
4  Being late for a class.
5  Being absent from a class.
6  Not answering a letter immediately.
7  Getting away from a conversation with a boring person.
8  Not doing the homework.

## Useful words and expressions

*Friends and acquaintances*

un amico: carissimo, di famiglia,             conoscere
        intimo                               salutare
un conoscente                                vedere
fare amicizia                                incontrare
fare la conoscenza di                        abitare: in paese, in città, in periferia,
presentare un amico a qualcuno                       in una zona residenziale
perdere le tracce di qualcuno

*The Office*

| | | |
|---|---|---|
| la segretaria | la tastiera | la fattura |
| la dattilografa | la calcolatrice | il foglio |
| la stenografa | la carta: carbone, bollata, | la gomma |
| la stenodattilografia | intestata, per | l'inchiostro |
| la stenodattilografa | ciclostile, straccia, | la matita |
| la stenografia | protocollo | la penna |
| la segreteria | il ragioniere | il nastro |
| la scrivania | il segretario | la riga |
| la scheda | il capo ufficio | l'indice |
| la carta asciugante | l'impiegato | |
| la macchina da scrivere | battere, scrivere a macchina | |
| | cancellare, ciclostilare, copiare | |

Ieri c'erano i saldi, e la signora Maria è uscita per delle compere. Non voleva spendere molto, perchè voleva risparmiare dei soldi per andare in villeggiatura.

Entrata nel calzaturificio 'Varese', ha chiesto al commesso di mostrarle un paio di sandali marroni. Li voleva di pelle e col tacco alto come quelli che erano in vetrina. Purtroppo non avevano la sua misura; ha comprato invece, un paio di scarpe di capretto e dei guanti color tabacco. In una boutique, ha visto un bellissimo paltò rosso. 'Questo va molto bene con le scarpe nere,' ha pensato. Quando è passata davanti ad un gran magazzino, non ha potuto fare a meno di entrarvi. C'era tanta bella roba: completi di cashmere, abiti da uomo estivi ed invernali, pantaloni e vestiti a giacca di gabardina, camicette lavorate a mano, guanti da guida foderati in seta. . . . Quella bella borsa poi, di 20000 lire, da cui non poteva togliere gli occhi! Era di vitello e col manico di tartaruga.

'È una vera occasione!' le ha assicurato la commessa quando la signora l'ha pagata. E come resistere alla tentazione di comprare il golf di lana pura che costava solo 1.500 lire! Dopo tutto, fuori faceva freddo e lei era senza giacca. Del miniabito poi, non poteva certamente farne a meno. A suo marito piacevano tanto i miniabiti! A proposito di suo marito, doveva pensare anche per lui. Cosa comprargli? Di pullover ne aveva tanti. 'Un completo per la pulizia delle scarpe? No, meglio due cravatte o due paia di calzini. Preferisce regali utili, lui, quindi li apprezzerà sicuramente.'

Comprati i calzini e le cravatte, mentre sceglieva una camicia, si è sentita dire: 'Si vede una vecchia amica e si fa finta di non riconoscerla, vero?'

'Antonella! Ma guarda un po', , , Come stai? Che sorpresa, dopo tanto tempo . . .'

'Quant'è? Eh, sì, è più di un anno certamente.'

'Abiti sempre a Milano, vero?'

'Sì. Ma ogni tanto bisogna correre di qua e di là. Ogni volta che vengo a Napoli, penso sempre a te. Mi dico: La cerco, le telefono, la vado a trovare, e poi, sai com'è . . . invece, adesso, quando meno me lo aspettavo . . . beh, vieni con me, no? Devo comprare dei regalini, parleremo per strada, ho tante cose da raccontarti . . .'

Era la sua collega ed amica Antonella che non vedeva da due anni. Com'era cambiata! Quando abitava a Napoli, non seguiva mai la moda, anzi andava sempre come una stracciona; ora invece, era elegantissima: portava un vestito di seta pura a quadretti bianchi e azzurri, una giacca di visone e una borsa di coccodrillo. Con quel trucco poi, sembrava addirittura un'attrice cinematografica.

Si sono recate insieme a fare altri acquisti.

Per fortuna la signora Maria aveva il biglietto di andata e ritorno, perchè è rimasta senza un centesimo.

## Questions on the text

1 Cosa voleva fare Maria, con i soldi che spendeva e con quelli che risparmiava?
2 Come sapeva che nel calzaturificio avevano i sandali marroni?
3 Cosa voleva comprare da 'Varese' e cos'ha comprato invece?
4 Cos'ha pensato quando ha visto il paltò rosso nella boutique? (usare discorso indiretto)
5 Dove si vendevano i completi di cashmere, e dove i guanti?
6 Perchè non poteva togliere gli occhi dalla borsa di vitello?
7 Cosa le ha detto la commessa, quando ha comprato la borsa? (discorso indiretto)
8 Quanto costavano la borsa e il golf?
9 Perchè voleva il golf e perchè il miniabito?
10 Quante cravatte e quanti miniabiti ha comprato?
11 Perchè era sorpresa di vedere Antonella?
12 Dove abitavano Maria e Antonella?
13 Ogni volta che Antonella andava a Napoli voleva invitare Maria?
14 Antonella, non aveva nulla da dire alla sua amica?
15 Erano cugine Maria e Antonella?
16 Antonella era elegante quando abitava a Napoli?
17 Perchè sembrava un'attrice cinematografica?
18 Quando era sola Maria, e quando in compagnia?
19 Perchè Maria non aveva bisogno di soldi per tornare a casa?
20 Come si sa che non ha risparmiato nulla?

## Questions for you

1 Le piace andare ai saldi? (Perchè? Perchè no?)
2 Dove si comprano: le scarpe, la carne, il pane, il salame, il pesce, la medicina?
3 Cosa fa il commesso per i clienti?
4 Di che colore sono le scarpe ed il vestito che lei porta oggi?
5 Quando va in un negozio, quanto tempo vi rimane per scegliere un vestito, un paio di scarpe, una cravatta?
6 Come si chiamano i magazzini più conosciuti in Italia? Ne conosce qualcuno dove la roba costa poco?
7 Come si veste lei, d'inverno, d'estate e in primavera?
8 Fa sempre il biglietto di andata e ritorno quando viaggia? (Quando sì, quando no?)
9 Secondo lei, i vestiti devono essere comodi o eleganti?
10 Descriva com'è vestito il professore, oggi.
11 Secondo lei, come dev'essere una commessa per essere perfetta?
12 Come va vestito un tipico 'gentleman' inglese? Faccia la descrizione.
13 Preferisce la moda di oggi o quella di cinquant'anni fa? Perchè?
14 Secondo lei, in che Paese le persone sono più eleganti?

## Notes

*la* tentazione   *temptation*
c'erano i saldi   *there was a sale on*
*le* compere   *purchases*
spendere   *to spend*
risparmiare   *to save*
villeggiatura   *holiday*
entrata nel calzaturificio   *having entered the shoe shop*
ha chiesto (chiedere) al commesso di   *she asked the assistant to*
mostrare   *to show*
marrone   *brown*
*la* pelle   *leather*
tacco alto   *high heel*
come quelli che erano in vetrina   *like those that were in the window*
misura   *size*
scarpe di capretto   *kidskin shoes*
*un* paltò   *coat*
nero   *black*
pensare   *to think*
magazzino   *store*
non ha potuto fare a meno di entrarvi   *she couldn't help entering it*
completi di cashmere   *cashmere twin-sets*
abiti da uomo   *men's suits*
abito estivo, invernale   *summer, winter suit*
*i* pantaloni   *trousers*
vestito a giacca di gabardina   *gabardine costume*
lavorato a mano   *hand made*
guanti da guida foderati in seta   *silk-lined driver's gloves*
da cui non poteva togliere gli occhi   *from which she couldn't keep her eyes away*
di vitello, di tartaruga, di visone, di coccodrillo   *calf-skin, tortoise-shell, mink, crocodile*
è una vera occasione   *it's a real bargain*
assicurare   *to assure*
resistere   *to resist*
di comprare il golf   *of buying the cardigan*
fuori   *outside*
faceva (fare) freddo   *it was cold*
miniabito   *mini-dress*
non poteva farne a meno   *she couldn't do without it*
a proposito di suo marito   *on the subject of her husband*
cosa comprargli?   *what was she to buy him?*
ne aveva tanti   *he had so many of them*

un completo per la pulizia delle scarpe   *a shoe-cleaning kit*
meglio   *better (to buy him)*
preferire   *to prefer*
quindi   *and so*
apprezzare   *to appreciate*
sicuramente, certamente   *certainly*
comprati i calzini   *having bought the socks*
scegliere   *to choose*
si è sentita dire   *she heard someone say to her*
si vede, si fa finta di   *one sees, one pretends*
riconoscere   *recognise*
ma guarda un po'!   *well I never!*
che sorpresa!   *what a surprise!*
quant'è?   *how long is it (since)?*
abitare   *to live*
abiti . . . vero?   *you live . . . don't you?*
ogni tanto   *every now and then*
bisogna correre di qua e di là   *one has to rush about here and there*
ogni volta   *every time*
vengo (venire)   *I come*
penso sempre a te   *I always think of you*
mi dico (dire)   *I say to myself*
andare a trovare   *to go and call on*
sai com'è   *you know how it is*
quando meno me lo aspettavo   *when I least expected it*
regalino   *little present*
parleremo per strada   *we'll talk on the way*
ho tante cose da raccontarti   *I've so many things to tell you*
che non vedeva da due anni   *whom she hadn't seen for two years*
com'era cambiata!   *how she had changed!*
seguire la moda   *to follow the fashion*
stracciona   *ragamuffin*
portare un vestito di seta pura   *to wear a pure silk suit*
un vestito a quadretti bianchi e azzurri   *blue and white chequered dress*
con quel trucco poi   *and with that make-up on (to make up = truccarsi)*
sembrava addirittura un'attrice cinematografica   *she looked just like a film actress*
si sono recate insieme (recarsi)   *off they went together*
a fare altri acquisti   *to make other purchases*
è rimasta senza un centesimo   *she had not a penny left*

**Exercises and practice: Indirect object pronouns**

**A**  LE/GLI

LE  (to) her, (to) you    GLI  (to) him

*T*. Quando scrive a Carla?              *T*. Quando scrive a Sergio?
*S*. Le scrivo ora.                       *S*. Gli scrivo ora.

1  Quando scrive a Laura?             6  Quando parla a Giorgio?
2  Quando parla a Mara?              7  Quando telefona a Roberto?
3  Quando telefona a Maria?          8  Quando risponde a Pietro?
4  Quando risponde a Giulia?         9  Quando telefona al dottore?
5  Quando scrive a Giovanni?        10  Quando scrive alla signora Cioffi?

**B**  LE/GLI/LORO  *loro* = (to) them

*T*. Ha detto a Mario di avviarsi?       *T*. Ha detto a Giulia di avviarsi?
*S*. Sì. Gli ho detto di avviarsi subito.   *S*. Sì. Le ho detto di avviarsi subito.

*T*. Ha detto a Mario e Giulia di avviarsi?
*S*. Sì. Ho detto loro di avviarsi subito.

1  Ha detto a Laura di venire?          6  Ha detto a Beatrice di andarsene?
2  Ha detto al bambino di coricarsi?    7  Ha detto alla bambina di asciugarsi?
3  Ha detto a Giorgio di radersi?       8  Ha detto ai bambini di lavarsi?
4  Ha detto a Enrico di mangiare?       9  Ha detto ai ragazzi di tornare?
5  Ha detto a Gloria di uscire?        10  Ha detto alle ragazze di cambiarsi?

**C**  LE/VI/MI/CI

        MI  (*to*) *me*    CI  (*to*) *us*    VI  (*to*) *you*
*T*. Mi ha presentato il medico.
*S*. Scusi, non ho capito: chi le ha presentato il medico?

*T*. Ci ha presentato il medico.
*S*. Scusi, non ho capito: chi vi ha presentato il medico?

1  Mi ha scritto una lettera.          6  Ci ha detto così.
2  Mi ha fatto un complimento.         7  Ci ha dato ragione.
3  Mi ha dato un libro.                8  Ci ha dato torto.
4  Mi ha parlato del professore.       9  Ci ha telefonato.
5  Mi ha risposto subito.             10  Ci ha offerto il caffè.

**D**  Colours

Notice that *blu*, *rosa*, *viola*, *beige* are invariable.

1  Di che colore è il mare? Il carbone? La neve?
2  Di che colore sono i limoni?
3  Di che colore è il cielo quando è sereno e quando è nuvoloso?

4 Di che colore sono le pareti del suo salotto e della sua camera da letto?
5 Di che colore è la bandiera italiana?
6 Di che colore sono le foglie d'estate e in autunno?
7 Di che colore è il vino? Il latte?
8 Di che colore sono i suoi occhi e i suoi capelli?
9 Qual è il suo colore preferito?
10 Quali sono i colori dell'arcobaleno?
11 Di che colore sono le violette e le rose?
12 Le piacciono i colori scuri o quelli chiari?

**E**  DA + infinitive

Here is a list of expressions with *da*:

| | |
|---|---|
| *niente da dire* | *tanto da leggere* |
| *molto da fare* | *molto da vedere* |
| *qualcosa da mangiare* | *molto da comprare* |
| *poco da spendere* | *niente da mettere* |
| *nulla da dichiarare* | *tante cose da raccontarci* |

Using them each only once, fit them into the most suitable sentences below. No 1 is done for you:

*T*. A una persona che non conosco bene, non ho ...
*S*. A una persona che non conosco bene, non ho niente da dire.

1 A una persona che non conosco bene, non ho ...
2 Abbiamo ... dopo tanti anni di separazione.
3 Nel frigorifero c'è ...
4 Alla dogana non ho ...
5 Prima di un lungo viaggio c'è ...
6 Alla fine del mese ho ...
7 In un museo c'è ...
8 In un gran magazzino c'è ...
9 In biblioteca c'è ...
10 Per il ricevimento stasera non ho ...

Now you yourselves make up ten sentences with the same expressions.

**F**  Imperfect Tense

Answer each of the following questions using a verb in the imperfect.
When the sentence has two verbs, the answer will contain at least one verb in the imperfect.

1 Cosa faceva lei, quando è entrato il professore?
2 Che ora era quando la lezione è incominciata?
3 Faceva freddo, ieri?
4 Che vestito portava lei la settimana scorsa quando è venuto a scuola?

5 C'era molta gente per la strada, stamattina?
6 Quando era piccolo, cosa faceva a casa quando tornava dalla scuola?
7 Dove abita adesso e dove abitava quando era bambino?
8 Beveva il vino quando aveva cinque anni?

**G** DA used with time

Transform as in the example.

*T.* Sono tre anni che non la vedo.        *T.* Erano tre anni che non la vedevo.
*S.* Non la vedo da tre anni.             *S.* Non la vedevo da tre anni.

1 Sono due mesi che non le telefono.
2 Sono tre settimane che non mi scrive.
3 È una settimana che non gli parlo.
4 Sono molti anni che lo conosco.
5 Sono pochi minuti che il professore è qui.
6 È una settimana che ho un forte raffreddore.
7 È un'ora che quell'uomo parla.
8 Erano due ore che ti cercavo.
9 Sono tre mesi che ho questo libro.
10 È una settimana che abita qui.
11 Sono due ore che camminiamo.
12 Sono due giorni che piove.
13 È un quarto d'ora che l'aspetto.
14 È un anno che studio l'italiano.
15 Erano ventiquattro ore che non mangiava.

**H** QUELLO/QUELLA/QUELLI/QUELLE as pronoun

*T.* Questo rasoio non funziona: prendi—di mio fratello.
*S.* Questo rasoio non funziona: prendi quello di mio fratello.

*T.* Preferisco i quadri moderni a—antichi.
*S.* Preferisco i quadri moderni a quelli antichi.

1 Queste scarpe non mi piacciono: preferisco — esposte in vetrina.
2 Quest'uva è acerba: mangia — che è in cucina.
3 Quale formaggio preferisce: — dolce o — piccante?
4 Ecco due sciarpe: quale vuole, — di lana o — di seta?
5 Di questi panini, quali possiamo prendere? Prendete —, — col salame.
6 Su quale vassoio devo mettere le tazze? Su — d'argento.
7 Dei due appartamenti, quale preferisce: — col bagno o — con la doccia?
8 Chi è quella bambina? Quale? — con gli occhi celesti.
9 Vuole iscriversi al corso di francese? No, a — d'italiano.
10 Deve prendere l'autobus che va a Piazza Dante; non — che va a Piazza Mazzini.

**I** Impersonal SI with reflexive verbs

With reflexive verbs, impersonal *si* becomes *ci si*. Use the verbs from Chapter 14, Exercise **D** to complete the following sentences with this impersonal construction in the present tense.

*T.* Nel fango . . .
*S.* Nel fango ci si sporca.

| | |
|---|---|
| 1  Sotto la pioggia . . . | 6  Quando si è stanchi . . . |
| 2  Col rasoio . . . | 7  Quando si va ad una festa . . . |
| 3  Col pettine . . . | 8  Quando si è sporchi . . . |
| 4  Con l'asciugamano . . . | 9  Quando si è svestiti . . . |
| 5  Quando si beve troppo vino . . . | 10  Quando si è stanchi di stare in piedi . . . |

## Situations

Make up a dialogue between a salesgirl and a customer. A customer enters a big store to buy a pair of shoes. He (or she) tries on lots of pairs but there is something wrong with each of them, in spite of the persuasive manner of the salesgirl. Repeat the dialogue with other articles of clothing and other students taking the parts of salesgirl (or salesman) and customer.

## Useful words and expressions

Vestito: di moda, fuori moda, semplice, in tinta unita, a fiori, a righe, diritto, elegante, di seta, di cotone, di lana, di nailon, pesante, leggiero, antimacchia, lavabile, sportivo, (troppo) stretto, largo, lungo, corto, accollato, scollato.

(Non) mi piace: la stoffa, il modello il disegno, il colore.

Scarpe: di vitello, di vernice, di capretto, (troppo) strette, grandi, brutte, belle; col tacco alto, basso, da strapazzo, da donna, da uomo, da tennis.

Che numero?
Porto il 37.

Ha la misura più grande? Mi fanno male.

| | | | |
|---|---|---|---|
| la gonna | allargare | comprare | mandare a casa |
| la camicetta | restringere | scegliere | prendere |
| il vestito a giacca | accorciare | vendere | mostrare |
| l'impermeabile | allungare | ordinare | pagare |
| i pantaloni | | cambiare | |
| le calze | | | |

Vorrei: vedere, pensarci su, provare.
Faccia pure! Che misura?
Le sta a meraviglia!
È troppo caro.
Lo provi!

Non mi va bene.
Non mi sta bene.
Desidera?
In che cosa posso servirla?

ANNA
MARIA   amica di Anna
Giornalaio
Passante
Venditore Ambulante
Fattorino

| | |
|---|---|
| ANNA | Ma Maria, ci perdiamo! Perchè non chiediamo la strada ad un passante? |
| MARIA | Forse è meglio. Scusi signore, sa dov'è Via Navona? |
| PASSANTE | Via . . . un momento . . . Dunque, prenda l'autobus numero . . . aspetti . . . Via Mavona, vero? Prenda l'autobus numero . . . |
| MARIA | No, non Via Mavona; Navona, con la 'N'. |
| PASSANTE | Ah, Via Navona? Mi dispiace, non lo so. Chieda al giornalaio lì all'angolo. Lui lo saprà senz'altro. |
| MARIA | Grazie. |
| PASSANTE | Prego! Mi dispiace! . . . |
| GIORNALAIO | (*grida*) Mattino! Corriere della Sera! Espresso! . . . |
| MARIA | Scusi, sa dov'è . . .? |
| GIORNALAIO | Una rivista, signorina? Epoca, Tempo, Oggi? |
| ANNA | No, non vogliamo il giornale. Vorremmo sapere dov'è Via Navona. Navona con la 'N'. |
| GIORNALAIO | Navona con la 'N'? Navona . . . Navona . . . Sì, ho capito. Certo, signorine! Camminate sempre diritto per questa strada e poi voltate a destra. La seconda traversa a sinistra, è Via Navona. |
| ANNA | Grazie! Allora Maria, facciamo come ha detto il giornalaio. Ecco, è semplice! Prima traversa a destra, poi seconda traversa a sinistra. |
| MARIA | Guardiamo un po'. No, non è la strada giusta. Questa è Via Mantova. |
| ANNA | Chiediamo un'altra volta: a questo venditore ambulante! Scusi, dove si trova Via Navona? |
| VEND. AMB. | Via Navona è una traversa di Via Tarsia, vicino a Piazza Mazzini. Prenda il 106 e scenda a Piazza Mazzini. Via Navona, è a pochi passi dalla fermata dell'autobus. |
| MARIA | Quanto ci vuole per arrivarci? È lontano? Abbiamo un appuntamento alle undici meno un quarto. |
| VEND. AMB. | È molto vicino, signorina. Cinque minuti d'autobus e quindici a piedi. |
| MARIA | Molto gentile, grazie. |
| VEND. AMB. | Prego, si figuri! |
| ANNA | Andiamo alla fermata, allora. |

| | |
|---|---|
| MARIA | Sì, eccola lì. Che folla! |
| ANNA | Comincia a piovere. Che guaio! |
| MARIA | Non abbiamo neanche l'ombrello. Ah! Finalmente, ecco l'autobus! Saliamo? |
| ANNA | Sì, saliamo! Forse è meglio chiedere al fattorino se va fin lì, no? |
| FATTORINO | (*mentre l'autobus si avvia*) Che pioggia! Sembra il Diluvio Universale! |
| MARIA | Ma dov'è? Dov'è il fattorino? Non lo vedo in tutta questa folla. Ah, eccolo! Senta, va a Piazza Mazzini, quest'autobus? |
| FATTORINO | No, signorina. Deve prendere il 120 davanti all'università. Scenda alla prossima fermata. Il 120 passa ogni dieci minuti. Che pioggia! |
| ANNA | Scendiamo e incominciamo daccapo! Meno male che davanti all'università c'è una pensilina. |
| MARIA | Ecco, adesso possiamo ripararci dalla pioggia. Fatti più qui, altrimenti ti bagni. |
| ANNA | Sono tutti zeppi questi autobus. Mamma mia, che folla! |
| MARIA | Pazienza! Forse in quel terzo autobus lì, ci sarà posto . . . Corriamo! Fattorino, fattorino! Aspetti! |
| | (*Anche il terzo autobus è zeppo. Dopo un quarto d'ora, ne passa un altro anche affollatissimo. Anna e Maria sono tutte bagnate. Aspettano ancora dieci minuti. Fra gomitate e spintoni, riescono a salire sul quarto 120.*) |
| MARIA | (*al fattorino*) Scusi, quest'autobus va direttamente a Piazza Mazzini, o dobbiamo cambiare? |
| FATTORINO | Per lei, signorina, va fino in capo al mondo! |
| ANNA | Allora, saliamo subito Maria! |
| MARIA | Può avvertirci, per cortesia, quando dobbiamo scendere? |
| FATTORINO | Senz'altro. (*grida*) Avanti signori! Avanti c'è posto! |

## Questions on the text

1  Perchè Anna e Maria hanno chiesto la direzione ad un passante?
2  Perchè il passante ha detto: 'Mi dispiace?'
3  Cosa volevano sapere esattamente Anna e Maria?
4  Cos'ha fatto il giornalaio per loro?
5  Perchè hanno dovuto richiedere la direzione ad un venditore ambulante?
6  Secondo il venditore ambulante, cosa dovevano fare Anna e Maria per arrivare a Via Navona?
7  Sono andate a piedi a Via Navona?
8  Perchè Anna ha esclamato: 'Che guaio!'?
9  Cos'hanno fatto Anna e Maria quando è arrivato l'autobus N° 106?
10  A che serviva la pensilina?
11  Perchè hanno dovuto aspettare tanto tempo sotto la pensilina?
12  Cosa doveva fare il fattorino per loro?

## Questions for you

In questions 1-5 use polite form of the imperative.

1 Spieghi come arrivare all'Ufficio Postale più vicino.
2 Spieghi come arrivare alla fermata dell'autobus (più vicina).
3 Spieghi come arrivare al bar più vicino.
4 Spieghi come andare alla segreteria di questo istituto.
5 Spieghi come andare a casa sua.
6 Che differenza c'è fra una fermata facoltativa e una fermata obbligatoria?
7 Cosa fa per riposarsi, dopo una lunga passeggiata?
8 Cos'ha fatto quando ha perso il treno, l'aereo, l'autobus, ecc.?
9 Si è mai perso in una città che non conosceva? Se sì, cos'ha fatto?
10 Cosa si fa se si smarrisce il biglietto?
11 Trova sempre un posto quando viaggia? Quando sì? Quando no?
12 Quali sono i punti di orientamento principali in una grande città?
13 Quando è meglio viaggiare in autobus, quando in treno?
14 Quando per la strada incontra una persona che conosce, le parla volentieri? La saluta soltanto? Finge di non vederla?
15 Racconti qualcosa che le è capitato qualche volta mentre veniva a questo istituto.

## Notes

Scusi, sa dov'è via ... *Excuse me, do you know where ... road is?*
giornalaio *news-vendor*
*il* passante *passer-by*
*il* venditore ambulante *hawker*
fattorino *conductor*
perdersi *to lose one's way*
prenda (prendere) (*imperative*) *take*
aspetti (aspettare) (*imperative*) *wait*
chieda (chiedere) (*imperative*) *ask*
all'angolo *at the corner*
lui lo saprà (sapere) senz'altro *he will certainly know (it)*
gridare *to shout*
Mattino, Corriere ..., Espresso *Italian daily newspapers*
Epoca, Tempo, Oggi *Italian magazines*
vorremmo sapere *we would like to know*
voltare a destra, a sinistra *to turn right, left*
traversa *side-road, turning*
facciamo come ha detto *let's do as he said*
semplice *easy*
guardiamo un po' *let's have a look* (lit: *let's look a little*)
non è la strada giusta *it's the wrong street*
chiediamo un'altra volta *let's ask again*
trovarsi *to be*
scenda (scendere) (*imperative*) *get off*

a pochi passi dalla fermata dell'autobus *a few yards* (lit: *steps*) *from the bus stop*
quanto ci vuole per arrivarci? *how long does it take to get there?*
cinque minuti d'autobus *a five minute bus-ride*
prego, si figuri! *you are welcome!*
che folla! *what a crowd!*
comincia a piovere *it's beginning to rain*
che guaio! *what a nuisance!*
non abbiamo neanche l'ombrello *we haven't even got an umbrella*
saliamo? (salire) *shall we get on?*
saliamo! *let's get on!*
se va fin lì *if it goes up to there*
sembra il Diluvio Universale *it's pelting down* (lit: *it seems the Deluge*)
senta (sentire) (*imperative*) *I say!* (lit: *listen!*)
scenda alla prossima fermata *get off at the next stop*
incominciamo daccapo *let's start all over again*
meno male che ... *it's a good job that ...*
pensilina *bus shelter*
possiamo ripararci *we can take shelter*
fatti (informal imperative of farsi) più qui *come closer*
altrimenti ti bagni *or else you'll get wet*
zeppo *crammed*

ci sarà posto   *there will be room*
un quarto d'ora   *a quarter of an hour*
affollat*issimo*   *packed*
tutto bagnato   *soaked through*
ancora dieci minuti   *another ten minutes*
fra gomitate e spintoni   *jostled (with elbows) and pushed*

quarto   *fourth*
direttamente   *straight*
fino in capo al mondo   *right to the end of the world*
può avvertirci per cortesia?   *can you tell us please?*
avanti c'è posto   *there's room in front*

## Exercises and practice

**A**  Imperative: LEI (polite form)

| | | | | |
|---|---|---|---|---|
| | COMPRA | *you buy* | COMPRI! | *buy!* (-ARE verbs) |
| LEI | SCRIVE | *you write* | SCRIVA! | *write!* |
| | APRE | *you open* | APRA! | *open!* |
| | PULISCE | *you clean* | PULISCA! | *clean!* |

*T.* Scusi, devo rispondere?
*S.* Sì. Risponda. È meglio.

1  Scusi, devo aspettare?
2  Scusi, devo firmare?
3  Scusi, devo entrare?
4  Scusi, devo incominciare?
5  Scusi, devo scendere?

6  Scusi, devo scrivere?
7  Scusi, devo pulire?
8  Scusi, devo telefonare?
9  Scusi, devo aprire?
10  Scusi, devo chiudere?

**B**  Do Nos. 1-7 in Exercise **A** in the following way:

*T.* Dove devo aspettare?
*S.* Aspetti alla fermata dell'autobus.

i.e. form each question with *dove* and add a suitable place in your answer.

**C**  Imperative: LEI irregular forms

Note that the stem for the imperative LEI form is obtained from the first person singular present tense.

*T.* Dico di sì?
*S.* Sì. Dica di sì. Forse è meglio.

1  Vado a letto?
2  Spengo adesso?
3  Finisco dopo?
4  Leggo ad alta voce?
5  Bevo qui?

6  Vengo avanti?
7  Salgo con l'ascensore?
8  Pulisco anche qui?
9  Dico di no?
10  Esco di qui?

**D**   Imperative: ABBIA (avere)   DIA (dare)   SIA (essere)   STIA (stare)

Here are five imperative expressions:

*Stia attento! — Sia gentile! — Sia puntuale! — Non abbia paura! — Dia una buona mancia!*

Using each, once only, add them to follow on logically to the five sentences below.

*T.* Quel venditore ambulante è un imbroglione:—
*S.* Quel venditore ambulante è un imbroglione: stia attento!

1  La lezione incomincia alle sei precise:—
2  Questa compagnia aerea è la migliore del mondo:—
3  In questo ristorante il servizio è ottimo:—
4  Come corrono queste macchine!—
5  Bisogna essere molto comprensivi con quella signora:—
   Now write five sentences of your own to which you can add the five expressions.

**E**   Imperative: with object pronoun.

Answer as in the example using the correct pronoun and the formal or polite LEI imperative.

*T.* Che ne dice? Pago il conto?
*S.* Sì. Lo paghi pure.

1  Che ne dice? Prenoto l'albergo?          5  Che ne dice? Prendo il prosciutto?
2  Che ne dice? Scrivo la lettera?          6  Che ne dice? Ringrazio l'ingegnere?
3  Che ne dice? Compro le riviste?          7  Che ne dice? Apparecchio la tavola?
4  Che ne dice? Imbuco le lettere?          8  Che ne dice? Faccio le fotografie?

**F**   Double pronouns

In this exercise all the questions are addressed to you: answer with *me* or *ce* + object pronoun + verb. Remember to make the past participle agree with the direct object pronoun.

*me* is required in Nos. 1-15.

*T.* Chi le ha portato i regali?     *... mio marito.*
*S.* Me li ha portati mio marito.

*ce* is required for Nos. 16-20.

*T.* Chi vi ha portato i regali?
*S.* Ce li ha portati Mario.

1  Chi le ha consigliato l'albergo?     *... un amico.*
2  Chi le ha venduto il biglietto?      *... il bigliettaio.*
3  Chi le ha fatto il vestito?     *... il sarto.*
4  Chi le ha fatto questa domanda?      *... lei.*
5  Chi le ha regalato quell'anello?     *... mia zia.*
6  Chi le ha riparato la macchina?      *... il meccanico.*

7 Chi le ha riparato l'orologio?       ... *l'orologiaio.*
8 Chi le ha pulito l'appartamento?        ... *la cameriera.*
9 Chi le ha riparato le scarpe?       ... *il calzolaio.*
10 Chi le ha tagliato i capelli?       ... *il parrucchiere.*
11 Chi le ha cambiato le sterline?       ... *il cassiere.*
12 Chi le ha disegnato la casa?       ... *l'architetto.*
13 Chi le ha fatto quel quadro?       ... *un pittore.*
14 Chi le ha consigliato gli occhiali?       ... *l'oculista.*
15 Chi le ha servito il pranzo?       ... *il cameriere.*
16 Chi vi ha mandato gli auguri?       ... *l'ingegner Salvati.*
17 Chi vi ha portato questo vino?       ... *il nostro vicino di casa.*
18 Chi vi ha indicato questa strada?       ... *il vigile.*
19 Chi vi ha dato il mio indirizzo?       ... *la segretaria.*
20 Chi vi ha mostrato le diapositive?       ... *l'insegnante.*

**G** Double pronouns

GLIELO⎫
GLIELA⎰ it to (*or* for) him, her, you

GLIELI ⎫
GLIELE⎰ them to (*or* for) him, her, you

GLIENE some of (*or* about) it to him, her, you

Reform the questions in Exercise **F** with double pronouns: here are the first and the last one done for you.

Chi glielo ha consigliato?       *Who recommended it to you?*
Chi ve le ha mostrate?       *Who showed them to you?*

**H** DI + infinitive

Join the two sentences together using *di* + infinitive as in the example. Remember to join the pronouns to the infinitive, when necessary.

*T.* Aspettatemi alla fermata dell'autobus. Vi prego!
*S.* Vi prego di aspettarmi alla fermata dell'autobus.

Notice that in Nos. 4-15 the order of the two sentences in each question must remain unchanged.

1 Non andate. Vi prego!
2 Non fumate. Vi prego!
3 Prenda i biglietti per il teatro. Prometta!
4 Mi ha detto: gli mandi un telegramma!
5 Il dottore le ha raccomandato: resti a letto un paio di giorni.
6 Ho chiesto alla cassiera: mi cambi diecimila lire!
7 Le ho detto: mi porti dall'Italia una sciarpa di seta.
8 Le ho raccomandato: mantenga il segreto.

9   Ho detto alla donna di servizio: lavi i piatti, scopi e spolveri.
10  Gli ho chiesto: mi dia degli spiccioli.
11  L'ho pregata: mi compri un chilo di carne.
12  Gli ho scritto: venga presto.
13  Le ho consigliato: vada all'albergo Paradiso.
14  Le ho detto: venga a trovarmi quando vuole.
15  Ho detto al cameriere: tenga il resto.


## Situations

1   You are on your first visit to a town in Italy, and ask your way from the various members of the class to various key places: the station, your hotel, the post office, the art gallery, the beach, etc. They give you all the directions using the formal or polite imperative.
2   You have had great difficulty in finding your way. The class asks you why, and you reply using the perfect tense. Did you find the bus stop? Did you get on the wrong bus?
3   Describe the street where you live.


## Useful words and expressions

1 and 2

fissare, avere l'appuntamento con . . .
È facile. Non è lontano.
È vicino: alla fermata, al caffè, alla stazione, alla posta, etc.
È davanti: alla biglietteria, alla statua, alla galleria, etc.
È all'angolo di via . . .

Scusi, dov'è: la banca, l'anagrafe, l'ospedale, l'ufficio postale, la questura, la farmacia, la libreria, il Comune, la gelateria, la rosticceria, la sartoria, la pasticceria, la gioielleria?

Quanto ci vuole per arrivare a . . .?
Che autobus devo prendere?
L'autobus passa ogni mezz'ora, ogni cinque minuti.
La fermata è da quella parte.
L'autobus è partito pochi minuti fa.
Non può sbagliare, signore.
Piazza G . . . è l'ultima fermata.
Va nella direzione opposta.

arrivare: presto, tardi, con dieci minuti di ritardo, dieci minuti prima.
Grazie mille.
Siamo arrivati.
Ho sbagliato: autobus, treno, strada.
Devo aver capito male.

MARIA
LUISA
Un giovanotto

| | |
|---|---|
| MARIA | Ciao, Luisa! Ho girato tutta Napoli per trovarti. Ma ci valeva la pena. Com'è bello quassù! |
| LUISA | E Anna, non è venuta? Come mai? |
| MARIA | Dopo averti telefonato ieri sera, una sua amica l'ha invitata a Paestum per un paio di giorni. |
| LUISA | Guarda il golfo laggiù! Sembra il 'Paradiso Terrestre'. Vedi quei due castelli? Quello è il Castel dell'Ovo; quell'altro è il Castel Nuovo. |
| MARIA | Che strada è quella lì di fronte? |
| LUISA | Col mare davanti? Ah, quella è Santa Lucia che sbocca in Via Partenope dove ci sono tutti i grandi alberghi che danno sul mare. Dopo Piazza Vittoria inizia Via Caracciolo che arriva fino a Mergellina: lì, ogni anno si fa la Festa di Piedigrotta. Un po' più in su è Posillipo col suo bellissimo parco della rimembranza. |
| MARIA | Che incanto! E Capri, dov'è? Non la vedo. |
| LUISA | Lì indietro, vedi il Vesuvio e la Penisola Sorrentina? Quella isola che sorge dal mare, è Capri. Un momento, ho una fotografia della Grotta Azzurra. |
| MARIA | Oh, fammela vedere! |
| LUISA | Eccola. Guarda che bella! |
| MARIA | Incantevole davvero! Senti Luisa, toglimi una curiosità: perchè poco fa, quell'uomo ha chiamato 'Dottore' quel turista che non conosceva? Come sapeva che era dottore? |
| LUISA | (*ride*) Devi sapere, Maria, che qui in Italia tutti i laureati automaticamente sono dottori: dottore in legge, dottore in lettere, dottore in medicina . . . quindi non si dice: il signor Coletta, il signor Corradi, ma: il dottor Coletta, il dottor Corradi o l'avvocato Corradi . . . Se poi si parla con un uomo che non si conosce, vestito discretamente e che non sembra del tutto ignorante, si dà lo stesso del: dottore, professore, cavaliere . . . soprattutto qui nell'Italia meridionale. |
| MARIA | Che bella usanza! Allora, da adesso in poi, chiamami: professoressa! |
| LUISA | Beh, per le donne è un'altra cosa—professoressa! Allora, facciamo una fotografia davanti alla fontana? Guarda com'è bella! |
| MARIA | Volentieri. Ma non ho il rullino nella macchina. |
| LUISA | Comprane uno dal fotografo lì di fronte. Ma mi raccomando, vieni presto! |
| MARIA | Torno subito. |
| GIOV. | Signorina! |

LUISA (*rimasta sola*) Sì?

GIOV. Se vuole delle fotografie con la sua amica, posso farvene io qualcuna.

LUISA Molto gentile, grazie. Ecco, la mia amica sta tornando con il rullino. Maria! Questo signore si è gentilmente offerto di farci una fotografia. Dove ci mettiamo?

MARIA Mettiamoci davanti alla fontana, così abbiamo il sole alle spalle.

GIOV. Ma lì il sole entra nell'obiettivo. Mettetevi qui! Mi metto io davanti alla fontana. Salite su quelle scale!

MARIA No, non posso sopportare il sole negli occhi. Perchè non andiamo sulla terrazza davanti al garage?

LUISA Davanti al garage? Una fotografia? Che gusto barbaro!

GIOV. Insomma, decidetevi! O qui, o là. Che differenza fa? Si tratta di una fotografia, non di un capolavoro alla Michelangelo!

LUISA Allora Maria, vieni! Un po' più in su c'è un cipresso. Facciamola all'ombra del cipresso!

MARIA D'accordo, andiamo! Ecco, c'è anche una roccia. Guardate com'è verde quest'erba! Appoggiamoci alla roccia!

LUISA Dammi il braccio e sorridi, Maria!

LUISA ⎫
MARIA ⎭ (*insieme*) Siamo pronte. Scatti! Ma perchè non scatta?

GIOV. Siete pronte, sì? Anch'io sono pronto; ma il sole, care signorine, si è stufato di aspettarci. Guardate che nuvole! Ora viene un acquazzone!

MARIA Non importa. E se ci mettiamo accanto a quel rudere? Guardate com'è decorativo!

LUISA Sì, ma credo che se ci spostiamo al di là di quel vecchio palazzo, possiamo scoprire qualcosa di meglio.

GIOV. (*annoiato e sarcastico*) Che ne direste se andassi a chiamare il mio amico Leonardo da Vinci?

MARIA (*ingenuamente*) Com'è gentile! Ma mi raccomando, ritorni presto perchè sta per piovere!

## Questions on the text

1 Cos'ha fatto Maria quando ha visto Luisa?

2 Perchè ha detto: 'Ci valeva la pena'?

3 Il giorno dell'appuntamento, dove si trovavano Maria e Anna?

4 Dove sono i grandi alberghi a Napoli?

5 Cosa si vede da quegli alberghi?

6 Cosa sono il Vesuvio e Capri?

7 Maria cos'ha chiesto a Luisa quando voleva vedere la fotografia della Grotta Azzurra? (Discorso indiretto).

8 Cos'ha fatto Luisa per soddisfare la curiosità di Maria?

9 Quando si dà del dottore a un italiano?

10  Perchè Maria voleva farsi chiamare professoressa?
11  Cos'ha fatto per ottenere il rullino?
12  Cosa si è offerto di fare il giovanotto?
13  Perchè non voleva far loro la fotografia davanti alla fontana?
14  Perchè Maria non ha voluto salire sulle scale?
15  Come si sa che Luisa e Maria erano insieme all'ombra del cipresso?
16  Perchè il giovanotto non ha scattato la foto quando le ragazze erano pronte?
17  Il giovanotto come sapeva che stava per piovere?
18  Perchè ha detto che aveva un amico che si chiamava Leonardo da Vinci?
19  Cos'hanno fatto le due ragazze: hanno accompagnato il giovanotto?
20  Infine cosa gli hanno chiesto di fare, e perchè?

## Questions for you

1  Dove abita: in città, in paese, al centro, in periferia?
2  Conosce qualche castello? Qualche edificio antico? Qualche rudere?
3  Qual è la fotografia più brutta che abbia mai visto?
4  Cosa (o chi) c'è davanti a lei? Dietro di lei? Alla sua sinistra? Alla sua destra?
5  Descriva in poche parole la sua città.
6  Che titolo si dà in italiano ad un laureato in: lettere, legge, medicina, ingegneria?
7  Lei o qualche suo amico avete la macchina fotografica? Che tipo?
8  Le piacciono le fotografie a colori o in bianco e nero? Perchè?
9  Ha qualche ingrandimento a casa sua? Di chi? Di che cosa? Dove lo tiene: sul pianoforte, sulla scrivania, nell'album . . .?
10  Generalmente che fotografie ha con sè?
11  Quale posa assume di solito quando si fa una fotografia?
12  Che cosa le piace fotografare?
13  È fotogenico, lei?
14  Preferisce un quadro o una fotografia di un posto che conosce? Perchè?
15  Qual è la fotografia più cara che ha?
16  Da chi si porta il rullino per farlo sviluppare?

## Notes

giovanotto  *youth*
ho girato tutta Napoli per trovarti  *I've been all over Naples to find you*
ci valeva la pena  *it was worth it*
quassù, laggiù  *up here, down there*
come mai?  *(normally means 'how' or 'why' on earth) whyever not?*
dopo averti telefonato  *after having phoned you*
ieri sera  *last night*
golfo  *gulf, bay*
Paradiso Terrestre  *Earthly Paradise*

castel=castello  *castle*
di fronte, davanti  *in front*
sboccare  *to lead into*
iniziare  *to begin*
si fa la Festa di Piedigrotta  *the . . . takes place (annual song festival and carnival in Naples, 8th September)*
un po'più in su  *a bit higher up*
parco della rimembranza  *memorial park*
che incanto!  *how wonderful!*
lì indietro  *over there at the back*

isola  *island*
sorgere  *to rise*
Grotta Azzurra  *Blue Grotto*
fammela vedere  *let me see it*
guarda che bella!  *look how beautiful it is!*
incantevole davvero!  *really enchanting!*
toglimi una curiosità  *just out of curiosity*
poco fa  *a little while ago*
*il* turista  *tourist*
ridere  *to laugh*
laureato  *graduate*
automaticamente  *automatically*
*la* legge, le lettere, la medicina  *law, arts, medicine*
non si dice  *one doesn't say*
avvocato, cavaliere  *lawyer, knight* (i.e. *honorary titles*)
se poi si parla con . . .  *and even if one speaks to* . . .
vestito discretamente  *reasonably well-dressed*
non sembra del tutto ignorante  *doesn't look particularly ignorant*
si dà lo stesso del (dare del)  *one addresses him just the same as* . . .
soprattutto  *especially*
nell'Italia meridionale  *in Southern Italy*
che bella usanza  *what a charming custom*
da adesso in poi  *from now on*
professoressa  *fem. of 'professore'*
un'altra cosa  *another story*
rullino  *film*
fotografo  *photographer's*
mi raccomando, vieni presto!  *be sure to come back soon!*
posso farvene io qualcuna  *I can take some for you*
sta tornando  *is coming back*
si è gentilmente offerto di farci una fotografia  *he has kindly offered to take a photo of us.*

dove ci mettiamo? (mettersi)  *where shall we stand?*
fontana  *fountain*
*la* spalla, l'occhio  *shoulder, eye*
obiettivo  *lens*
*le* scale  *steps*
sopportare  *to bear*
che gusto barbaro  *what crude taste*
insomma, decidetevi (decidersi)  *well, make up your minds*
si tratta di (trattarsi)  *it's a matter of*
un capolavoro alla Michelangelo  *a masterpiece in the style of Michelangelo*
facciamola all'ombra del cipresso  *Let's take it in the shade of the cypress*
erba  *grass*
appoggiamoci alla roccia  *let's lean on the rock*
dammi il braccio  *give me your arm*
sorridere  *to smile*
scattare  *to release* (*the shutter*), *take*
si è stufato  *he has got fed up*
nuvola  *cloud*
*un* acquazzone  *downpour*
accanto a  *beside*
*un* rudere  *ruin*
decorativo  *decorative*
spostarsi al di là di . . .  *to move to the other side of*
palazzo  *large house*
scoprire qualcosa di meglio  *to discover something better*
annoiato e sarcastico  *bored and sarcastic*
che ne direste se andassi a chiamare . . .?  *what about* (lit: *would you say*) *if I went and called?*
ingenuamente  *naively*
sta per piovere  *it's going to rain*

## Exercises and practice

**A**  Imperatives: TU (familiar form)

|    |          |           |           |         |
|----|----------|-----------|-----------|---------|
|    | COMPRI   | *you buy* | COMPRA!   | *buy!*  |
| TU | SCRIVI   | *you write* | SCRIVI! | *write!* |
|    | APRI     | *you open* | APRI!    | *open!* |
|    | PULISCI  | *you clean* | PULISCI! | *clean!* |

*T*. Ma tu perchè non entri?
*S*. Su, entra anche tu!

1  Ma tu perchè non parli?
2  Ma tu perchè non aspetti?
3  Ma tu perchè non scendi?
4  Ma tu perchè non rispondi?

5  Ma tu perchè non scrivi?
6  Ma tu perchè non vieni?
7  Ma tu perchè non esci?
8  Ma tu perchè non dormi?

**B**  Imperatives: TU with object pronouns

*T.* Bevi il latte!
*S.* Ma scusa, perchè non lo bevi tu? Bevilo tu!

1  Chiama il professore!
2  Sparecchia la tavola!
3  Prendi l'ombrello!
4  Chiudi la porta!
5  Ordina il secondo (piatto)!

6  Paga il conto!
7  Apri le finestre!
8  Finisci l'esercizio!
9  Pulisci lo studio!
10  Copri il pane!

**C**  Imperatives: negative, TU with object pronouns

*T.* Devo condire l'insalata?
*S.* No, aspetta un attimo. Non condirla ancora.

1  Devo chiamare il facchino?
2  Devo comprare la rivista?
3  Devo lavare la macchina?
4  Devo accendere il gas?
5  Devo spegnere la luce?

6  Devo ordinare il vino?
7  Devo aprire le tende?
8  Devo prendere l'autobus?
9  Devo fare i biglietti?
10  Devo tagliare la carne?

**D**  Imperatives: reflexives LEI (and apparently reflexives)

*T.* Mi seggo qui?
*S.* No, guardi. Si segga lì!

| | |
|---|---|
| 1  Mi lavo qui? | 5  Mi rado qui? |
| 2  Mi asciugo qui? | 6  Mi metto qui? |
| 3  Mi pettino qui? | 7  Mi vesto qui? |
| 4  Mi corico qui? | 8  Mi cambio qui? |

**E**  Imperatives: reflexives TU (and apparently reflexives)

*T.* Mi sono seduto qui.
*S.* Un'altra volta però, siediti di là!

| | |
|---|---|
| 1  Mi sono lavato qui. | 5  Mi sono raso qui. |
| 2  Mi sono asciugato qui. | 6  Mi sono messo qui. |
| 3  Mi sono pettinato qui. | 7  Mi sono vestito qui. |
| 4  Mi sono coricato qui. | 8  Mi sono cambiato qui. |

**F**  Imperatives: TU—FA' (*fare*), DA' (*dare*), DI' (*dire*), STA' (*stare*), VA' (*andare*)

Transform the following *Tu* form imperatives to *Lei* forms

*T.* Fammi un piacere!
*S.* Mi faccia un piacere!

| | |
|---|---|
| 1  Fammi una fotografia! | 6  Stammi a sentire! |
| 2  Fammi il biglietto! | 7  Dimmi chi è! |
| 3  Dammi l'indirizzo! | 8  Fammi un favore! |
| 4  Dalle la mano! | 9  Vacci tu! |
| 5  Dimmi la verità! | 10  Dimmi un po'! |

**G**  FA' etc. with double pronouns

In Nos. 1-5 of Exercise **F** add double pronouns to the *Tu* form.
*T.* Fammi un piacere!
*S.* Ti prego, fammelo!

**H**  Other imperatives with double pronouns: LEI or TU

*T.* Gliene parlo io?
*S.* Sì. Mi faccia la cortesia: gliene parli lei!
       Sì. Fammi la cortesia: parlagliene tu!

| | |
|---|---|
| 1  Glielo conservo io? | 6  Glielo do io? |
| 2  Glielo cambio io? | 7  Gliele chiudo io? |
| 3  Glielo compro io? | 8  Glieli pulisco io? |
| 4  Gliela prendo io? | 9  Gliele imbuco io? |
| 5  Glielo scrivo io? | 10  Gliene mostro io? |

**I**  Reflexives and apparently reflexives with object pronouns: Perfect tense

*T.* Si è cambiato la camicia?

*S.* Sì. Me la sono cambiata proprio adesso.

*T.* Vi siete cambiati la camicia?

*S.* Sì. Ce la siamo cambiata proprio adesso.

Be careful to make the past participle agree with object pronoun (*lo—la—li—le*) and notice how the possessive is omitted in Italian.

| | |
|---|---|
| 1  Si è asciugato i capelli? | 7  Vi siete messi i guanti? |
| 2  Si è tolto il cappello? | 8  Vi siete tagliati le unghie? |
| 3  Si è cambiato la cravatta? | 9  Vi siete tolti le scarpe? |
| 4  Si è messo il cappotto? | 10  Vi siete cambiati i calzini? |
| 5  Si è lavato le mani? | 11  Vi siete asciugati i piedi? |
| 6  Si è fatto la fotografia? | 12  Vi siete lavati i capelli? |

**J**  Imperatives: LEI—TU—VOI

Finally, to test your skill with the imperative, look at these sentences, which are in the form of reported requests. What you have to do is to discover what was actually said.

*T.* Le ho chiesto di farmi un favore.     *T.* Ti ho chiesto di farmi un favore.

*S.* Mi faccia un favore!     *S.* Fammi un favore!

*T.* Vi ho chiesto di farmi un favore.

*S.* Fatemi un favore!

Note that *le* always means '(to) you' in this exercise. The imperative of the first or second person plural (*noi—voi*) is the same as the present indicativo.

1  Le ho chiesto di portarmi un romanzo.

2  Le ho scritto di ringraziarli.

3  Le ho chiesto di non telefonarmi dopo le otto.

4  Ti ho raccomandato di non alzare la voce.

5  Ti ho detto di non scriverla a macchina.

6  Ti ho chiesto di offrirci qualcosa da bere.

7  Vi ho detto di stare zitti.

8  Vi ho consigliato di far presto.

9  Vi ho scritto di andarci subito.

10  Vi ho detto di guardare il quadro, ma di non toccarlo.

**K**  STARE PER (to be about to, to be on the point of)

*T.* Che caldo!  (io)—svenire.

*S.* Che caldo!  Sto per svenire.

1  Non si allontani! L'autobus — arrivare.

2  Le dispiace prestarmi un ombrello? — piovere.

3  Perchè non rimane a pranzo? (Noi) — mangiare.
4  Presto! Mi dia le valigie! Il treno — partire.
5  Mi dispiace, non può riceverla: (lui) — uscire.
6  Ci servono i soldi: — acquistare una nuova casa.
7  Entriamo in classe! Il professore — fare l'appello.
8  Sono le nove. Lo spettacolo — finire.

## Situations

1  Imagine you are trying to take a snapshot. Give instructions in Italian to get your subjects to move into the right place and adopt a suitable pose, making sure you have the sun in the right place and the background you require. Use as many phrases from the text as possible.
2  Talk about a photograph that made a great impression on you: the rest of the class, by questioning you, find out as much as they can about it and why you found it so striking.
3  Each member of the class to suggest an object, piece of clothing, architectural detail, landscape feature, character, etc., which might be included in a photograph of a typical Italian scene.

## Useful words and expressions

1  fare una fotografia: in bianco e nero, a colori

| | | |
|---|---|---|
| sviluppare | la fotografia | la cinepresa |
| ingrandire | la negativa | |
| mettere a fuoco | la posa | |
| | la copia | |
| il fotografo | la diapositiva | |
| il dilettante | l'istantanea | |
| | l'album per le fotografie | |

Si faccia: più in là, più avanti, più indietro,
        un po' più a destra, un po' più a sinistra

Mi chiamo Laura. Sebbene sia la prima volta che vengo in Italia, non potrò trattenermi molto: fra quindici giorni sarà il mio compleanno e dovrò trovarmi a Londra per festeggiarlo. Siccome compirò ventun anni, faremo una grande festa: saranno presenti una settantina d'invitati ed allieterà la serata un'orchestrina italiana. Balleremo tutta la notte e berremo lo sciampagna che zia Teresa m'invierà per l'occasione. Ho già ricevuto alcuni regali. Il più bello e il più gradito di tutti, è stato quello di babbo: questo viaggio in Italia. Devo approfittarne perché chissà quando tornerò un'altra volta a Firenze.

Se mi occuperò della corrispondenza subito, invece di ridurmi all'ultimo momento, potrò dedicare il resto del soggiorno a tutte le cose belle di cui questa città abbonda: pittura, scultura, architettura. Comprerò e spedirò tutto domani: lettere, cartoline e regali. La carta da scrivere e le cartoline illustrate andrò a prenderle alla Standa perché lì senz'altro costeranno di meno. A zia Teresa piacerà la veduta di una chiesa, ai miei cugini invierò un paesaggio, al nonno un bel panorama di Firenze. A babbo e a mamma manderò un telegramma stasera dopo cena, così sapranno che sono arrivata sana e salva e non staranno in pensiero. Andrò a farlo alla Posta Centrale, tanto è aperta tutta la notte. Per il resto se ne parlerà domattina appena mi alzerò. Ed i francobolli? Uffici postali qui vicino, non ce ne sono: sarà meglio prenderli dal tabaccaio, è più facile trovarne uno. Tutti i regalini li farò raccomandati, così sono sicura che arriveranno a destinazione. Ma mio fratello Filippo, come farà a pagare la dogana sul portafoglio di pelle che gli manderò? Non ha mai un centesimo, poverino, e si troverà nei pasticci! Ah, ecco: sul pacchetto per lui, scriverò: 'Campione senza valore.'

Non dovrò dimenticare di far sapere a Carlo, un amico di famiglia, l'ora e il giorno in cui arriverò in Inghilterra, perché ha promesso di venire a prendermi all'aeroporto con la sua bella Alfa Romeo.

Quanta roba da ricordare! Forse è meglio fare una lista. Allora, vediamo un po' di che cosa avrò bisogno: carta da scrivere, cartoline illustrate, carta da imballaggio, spago, francobolli da 55 lire per le cartoline, francobolli da 90 per le lettere, regali, ricordini.

Tutti sanno un po' d'italiano, quindi a zia Teresa e ad alcuni amici scriverò: 'Affettuosi saluti.' Ai miei cugini e ad altri amici: 'Un caro pensiero.' Al nonno: 'Un bacione.' Un paio di buste e foglietti ed una quindicina di cartoline basteranno. Le scriverò tutte in una volta, troverò una cassetta postale, le imbucherò e così mi toglierò il pensiero, e potrò fare le vacanze in pace.

### Questions on the text

1  Cosa farà Laura quando ritornerà a Londra?
2  Quanti anni ha adesso e quanti ne avrà fra due settimane?
3  I regali, glieli faranno tutti il giorno del suo compleanno?
4  Perchè andrà alla Standa e perchè dal tabaccaio?
5  Cosa farà dopo avere scritto la lettera?
6  Perchè ai suoi vuol mandare un telegramma e non una lettera?
7  Chi le darà lo spago e le cartoline illustrate?
8  Quando sapranno i genitori che la loro figlia è sana e salva?
9  Perchè scriverà a Carlo?
10  Quando andrà Carlo a prenderla all'aeroporto?
11  Perchè scriverà le lettere e le cartoline tutte in una volta?
12  Perchè è più facile trovare un tabaccaio?

### Questions for you

1  Cosa farà dopo questa lezione?
2  Cosa farà domani mattina prima di uscire di casa?
3  Come e dove passerà il weekend?
4  Cosa farà alla prossima festa? Chi inviterà?
5  Che progetti ha per le vacanze di quest'estate o dell'estate prossima?
6  Cosa vorrà vedere quando andrà in Italia?
7  Cosa comprerà quando andrà a fare la spesa?
8  Quando manda le cartoline illustrate e quando le lettere?
9  Come ha festeggiato (o festeggerà) il suo ventunesimo compleanno?
10  Quando è in vacanza, che specie di ricordini, regali e cartoline sceglie?
11  Le piace spendere molti o pochi soldi quando è in vacanza? Per che cosa?
12  Che cosa si può comprare dal tabaccaio in Italia?
13  Cosa farà prima della prossima lezione?
14  Quando andrà a teatro, al cinema, a visitare amici o parenti?
15  Quanto spenderà domani per viaggiare, per bere e per mangiare?
16  Dia uno o due esempi di ciò che farà quando avrà un po' di tempo disponibile.

### Notes

corrispondenza  *correspondence*
mi chiamo (chiamarsi)  *my name is*
sebbene sia la prima volta  *although it's the first time (subj.)*
non potrò trattenermi molto  *I shan't be able to stay long*
fra quindici giorni sarà il mio compleanno  *In a fortnight's time it will be my birthday*
dovrò (dovere)  *I shall have to*
festeggiare  *celebrate*

siccome compirò ventun anni  *as I'll be twenty-one*
festa  *party*
saranno presenti (essere)  *there will be present*
una settantina d'invitati  *about seventy guests*
allietare  *to enliven*
orchestrina  *band (diminutive of 'orchestra')*
la notte  *night*
bere lo sciampagna  *to drink champagne*
zia  *aunt*

inviare per l'occasione *to send for the occasion*
ricevere alcuni regali *to receive some presents*
il più bello, il più gradito di tutti è stato quello di babbo *the most beautiful, the most welcome of all was daddy's one*
approfittare *to take advantage of*
chissà *goodness knows*
occuparsi *to deal with*
invece di ridurmi all'ultimo momento *instead of leaving everything to the last moment*
potrò (potere) dedicare il resto del soggiorno *I'll be able to devote the rest of my stay*
di cui questa città abbonda *in which this city abounds*
pittura, scultura, architettura *painting, sculpture, architecture*
spedire *to send*
andrò (andare) a prenderle *I'll go and get them*
costare di meno *to cost less*
veduta *view*
chiesa *church*
paesaggio *landscape*
il panorama *panorama*
sapranno (sapere) *they will know*
sano e salvo *safe and sound*
non staranno (stare) in pensiero *they won't be worried*
Posta Centrale *main post office*
tanto *as . . . anyway*
per il resto *as for the rest*
se ne parlerà domattina *we'll see about it tomorrow morning*
appena mi alzerò (alzarsi) *as soon as I get up*

ufficio postale *post office*
qui vicino *near here*
non ce ne sono *there aren't any*
sarà (essere) meglio *it will be better*
più facile *easier*
raccomandato *registered*
arrivare a destinazione *to reach one's/its destination*
dogana *duty*
portafoglio *wallet*
si troverà nei pasticci *he'll be in trouble*
campione senza valore *sample (of no value)*
dimenticare di far sapere a Carlo *to forget to let Carlo know*
il giorno in cui arriverò *the day I'll arrive*
promettere *promise*
quanta roba da ricordare *how much to remember*
carta da imballaggio *brown paper*
spago *string*
francobollo da L55 *a 55 lira stamp*
ricordino *souvenir*
tutti sanno (sapere) *all know*
affettuosi saluti *love from . . .*
pensiero *thought*
un bacione *big kiss (augmentative of* 'bacio')
buste e foglietti *envelopes and writing paper*
una quindicina *about fifteen*
in una volta *in one go*
cassetta postale *letter box*
trovare *to find*
mi toglierò il pensiero (togliersi) *it will be a load off my mind*
in pace (la pace) *in peace*

## Exercises and practice

**A** Future tense

In this exercise you are given the future tense: you will have to answer in the correct person giving the details which are asked about. Wherever possible use a pronoun in your answer.

*T.* Se uscirò, metterò la chiave sotto lo zerbino.
   E lei, dove metterà la sua?
*S.* La porterò con me (*or another appropriate answer*).

1 Marisa avrà una trentina d'anni. Quanti anni avrà la sua amica?
2 Io comprerò una ventina di cartoline. E lei?
3 Io scriverò tre lettere. E voi?
4 Noi spediremo una decina di pacchi. E voi?
5 Questo mese metterò da parte L15.000. E lei?

6   Lui comprerà due francobolli. E lei?
7   Stasera, noi mangeremo lasagne al forno. E voi?
8   Se avrò sete prenderò una limonata. E lei, cosa prenderà?
9   Quando andremo in centro io comprerò una dozzina di fazzoletti. E lei?
10  Alla fine dell'anno berrò lo sciampagna. E lei, cosa berrà?

**B**   Answer using a suitable expression of time (*più tardi; stasera; l'anno prossimo; il mese entrante; fra una quindicina di giorni; fra poco; fra qualche ora*, etc.) and replacing the nouns by pronouns (or *ci*) where necessary. The verb in the answer is the same as that in the question. You must change it to the first person singular.

*T.* Quando leggerà il giornale?
*S.* Lo leggerò domani (*or any other suitable time*).

1   Quando scriverà la lettera?
2   Quando ritornerà?
3   Quando vedrà i suoi amici?
4   Quando farà i compiti?
5   Quando farà la spesa?
6   Quando andrà in Italia?
7   Quando telefonerà ai suoi?
8   Quando mangerà il panettone 'Motta'?
9   Quando andrà alla posta?
10  Quando si iscriverà al nuovo corso d'italiano?
11  Quando sarà libero?
12  Quando pagherà le tasse?
13  Quando verrà un'altra volta?
14  Quando potrà andarci?

**C**   Now you have to give the future and the expression of time in your answer. All you are given is the present or past tense. Remember, use as many different expressions of time as possible. In most of the answers you will have to use object pronouns (or *ci*) too.

*T.* Ha preparato i bagagli? No, ...
*S.* No, li preparerò mercoledì.

1   Ha già pagato il conto?
2   Ha già visto quel film di Antonioni?
3   È andato in Sicilia?
4   Ha mandato il telegramma?
5   Ha comprato i regali?
6   È andato a trovare i suoi amici?
7   Ha fatto l'esercizio?
8   Ha letto la rivista?
9   Ha mandato gl'inviti?
10  Ha messo il francobollo sulla busta?
11  Ha bevuto il vino?
12  È pronto il pranzo?
13  Piove adesso?
14  Viene oggi a casa mia?

**D**   DOVERE+double pronouns

Answer the following questions using the correct form of the verb *dovere* and double pronouns. (Assume *le* applies to you.)

*T.* Non devo parlarne al professore?
*S.* Certo che deve parlargliene.

1 Non devo mandarne alla zia?
2 Non devo dare la mancia alla maschera?
3 Non devo dirlo a suo marito?
4 Non devo dargli la risposta?

5 Non dobbiamo chiedergli il permesso?
6 Non dobbiamo farle le fotografie?
7 Non devo ripararle la macchina?
8 Non devo firmarle il documento?

## E  Future Perfect

In Italian conversation the future perfect is most commonly used in suppositions. In Nos. 1-6 use *essere* as the auxiliary and make the past participle agree with the subject. The verb is *andare*.

*T*. Dov'è il dottor Nuzzo?     ... *a Milano.   (Where is Dr Nuzzo?)*
*S*. Non lo so. Sarà andato a Milano.  (*I don't know. He must have gone to Milan.*)

In Nos. 7-12 *avere* is the auxiliary and you will also have to answer with the object pronoun, and, of course, make the participle agree with it.

*T*. Chi ha portato questi fiori?     ... *Ida.   (Who brought these flowers?)*
*S*. Non lo so. Li avrà portati Ida.  (*I don't know. Ida must have brought them.*)

1 Dov'è il professore?     ... *in classe.*
2 Dov'è Giorgio?     ... *a scuola.*
3 Dov'è la mamma di Giulia?     ... *al supermercato.*
4 Dove sono le cugine di Laura?     ... *a ballare.*
5 Dove sono le zie di Roberto?     ... *a Roma.*
6 Dove sono i figli del medico?     ... *al bar.*
7 Chi ha vinto il concorso?     ... *il figlio del ministro.*
8 Chi ha mandato questo pacco?     ... *la zia americana.*
9 Chi ha detto queste sciocchezze?     ... *il barbiere.*
10 Dove ha conosciuto quella ragazza?     ... *in Sicilia.*
11 Dove ha messo i fazzoletti?     ... *nel cassetto.*
12 Dove ha perduto le chiavi?     ... *in metropolitana.*

## F  ESSERE + infinitive in impersonal expressions

Transform these sentences in the following way:

*T*. Non scenda da questa parte! È pericoloso.
*S*. Ah, è pericoloso scendere da questa parte?

1 Non fumi qui! È vietato.
2 Prenda il treno! È meglio.
3 Non insistere con lui! È inutile.
4 Non parcheggi qui! È proibito.
5 Vada con la macchina! È più conveniente.

6 Non scriva così! È sbagliato.
7 Controlli il resto! È importante.
8 Porta l'ombrello! È meglio.
9 Impari l'italiano! È facile.
10 Metta la data su questo modulo! È importante.

### Situations

1  Write a letter to a friend you met in Italy thanking him (or her) for his (or her) hospitality.
2  A dialogue between a customer and a tobacconist who is hard of hearing.
3  Shopping: Where will you go? What will you buy? How are you going to get there? Why are you buying it?
4  Future plans: Arrange to meet someone at the station. As you don't know each other you must decide: where you are going to meet, at what time, how you will recognise each other, etc.
5  The teacher will imagine a spot where he will spend his holidays, but won't give the name of the place. By questioning him on what he will do, what he will see, how long the journey will take, what sort of things he will be eating and drinking, using the future tense wherever possible, the students will try and guess the place.

### Useful words and expressions

1  See Chapter 18 (*Corrispondenza*).

2  Vuol ripetere, per cortesia?   una cartolina illustrata        una fiala di benzina
   Non sento, sono sordo.         una cartolina postale           delle pietrine
   Non ho capito.                 una biro                        una scatoletta di
   Alzi la voce, per favore.      un accendino                    fiammiferi, cerini
   Cos'ha detto?                  un pacchetto di Nazionali
   Paghi alla cassa.                  da venti                    mezzo chilo di sale
                                  un francobollo da novanta

3  Vorrei . . .                   Questo è: brutto, molto bello, troppo grande,
   Desidero . . .                     troppo piccolo
   Quant'è?                       Dov'è lo sportello delle raccomandate?
   fare un regalo                 Posta ordinaria, aerea.

4  la biglietteria
   la sala d'aspetto
   l'orologio

   Other useful words and expressions: *Receptions and Invitations*

   invitare a: una festa, un ricevimento,      ballare                  l'ospite
      un ballo, un compleanno, un              cantare                  l'invitato
      onomastico, un battesimo, un             fare quattro salti
      fidanzamento, un matrimonio, una         mandare: gli auguri, l'invito
      cresima, una cena, un pranzo, una        offrire: da bere, da mangiare
      colazione

(*La prima telefonata della signorina Giulia*)

Arrivata a Firenze, la prima cosa che volli fare fu di telefonare alla mia amica per dirle che ero arrivata. Essendo inglese, ero un po' timida, ma avendo sentito che in Italia si telefona generalmente da un bar, pensai di prendere prima un caffè. Vidi una pasticceria: entrai, mi sedetti ed ordinai un caffè lungo, perchè l'espresso è un po' troppo forte. Poi, mi feci spiegare da Antonio, il cameriere, come si adoperano i telefoni italiani. Lui fu molto gentile e mi disse che prima si deve comprare alla cassa un gettone che costa cinquanta lire. Dunque mi alzai, ne comprai uno, mi avvicinai al telefono, inserii il gettone nella fessura e formai il numero: 23.23.74. Poichè la linea era occupata, misi giù il ricevitore. Aspettai un po', poi sempre con lo stesso gettone nella fessura, riuscii di nuovo a formare il numero. Ma non potendo neppure questa volta ottenere la comunicazione, pensai di chiamare il centralino . . .

Ad un tratto sentii una voce sconosciuta dire: 'Pronto! . . . Chi parla?'

Dopo avere esitato un attimo, chiesi: 'Vorrei parlare con la signora Vigliotti . . . Sono io, Giulia . . . Non c'è? . . . Ebbene, può dirle che la richiamerò fra un'ora? . . . Grazie, buon giorno.'

Era la cameriera che aveva risposto, ed io, sebbene un po' dispiaciuta per non aver trovato in casa la mia amica, fui molto orgogliosa della mia prima telefonata in Italia.

## Questions on the text

1 Quando telefonò la signorina Giulia alla sua amica?
2 Cosa fece per comunicarle che era arrivata a Firenze?
3 Telefonò da una cabina telefonica? Perchè no?
4 Cosa fece nel bar, appena entrata?
5 Perchè ordinò un caffè lungo e non un espresso?
6 Cosa fece Antonio, dopo averle servito il caffè?
7 Chi le diede il gettone e cosa fece Giulia con esso?
8 Ottenne subito la comunicazione?
9 Cosa fece quando sentì che la linea era occupata e poi quando una voce sconosciuta le rispose dall'altro capo del telefono?
10 Parlò con la sua amica? No? Perchè?

## Questions for you

1 Le piace parlare al telefono? Perchè? Perchè no?
2 Quando può essere molto utile il telefono?

3  Che scusa trova per non rimanere troppo tempo al telefono?
4  Preferisce scrivere o telefonare ad un amico? Perchè?
5  Quali sono i vantaggi e gli svantaggi di avere il telefono in casa?
6  Ha mai telefonato alla polizia? Al Pronto Soccorso? Ai vigili del fuoco? In quale occasione?
7  Cosa fa quando non riesce ad ottenere la comunicazione?
8  Riesce a non rispondere al telefono quando squilla? Se sì, quando?
9  Descriva una situazione in cui una telefonata può essere:

            *a.* un grande sollievo.        *b.* una seccatura.

10  In alcuni Paesi le persone che si parlano al telefono, possono vedersi a vicenda sullo schermo (il video-telefono). Cosa ne pensa di questa invenzione?

## Notes

telefonata  *telephone call*
volli (volere) fare  *I wished to make*
fu (*essere*) di telefonare  *was to telephone*
che ero arrivata  *that I had arrived*
essendo inglese  *being English*
avendo sentito  *having heard*
pensai (pensare) di prendere  *I thought I would have*
vidi (vedere)  *I saw*
entrai (entrare)  *I entered*
pasticceria  *cake shop* (*with café attached*)
mi sedetti (sedersi)  *I sat down*
*un* espresso  *a strong black coffee*
*un* caffè lungo  *a black coffee diluted with water*
mi feci (fare) spiegare da Antonio  *I got Antonio to explain to me*
disse (dire)  *he said*
alla cassa  *at the cashier's desk*
*un* gettone  *a token* (*for telephoning*)
mi avvicinai a (avvicinarsi)  *I approached*
inserii (inserire)  *I inserted*
fessura  *slot*
formai (formare) il numero  *I dialled the number*
poichè la linea era occupata  *as the line was engaged*

misi (mettere) giù il ricevitore  *I put down the receiver*
sempre con lo stesso gettone  *still with the same token*
riuscii (riuscire) a formare  *I managed to dial*
di nuovo  *again*
non potendo neppure questa volta ottenere la comunicazione  *not even being able to get through this time*
centralino  *operator*
ad un tratto  *all of a sudden*
*una* voce sconosciuta  *an unknown voice*
pronto!  *hullo!* (*on the telephone*)
dopo aver esitato un attimo  *after* (*having hesitated*) *hesitating for a moment*
chiesi (chiedere)  *I asked*
vorrei parlare con . . .  *could I speak to . . . ?*
sono io  *it's me*
ebbene  *well then*
la richiamerò  *I'll call her again*
che aveva risposto (rispondere)  *who had answered*
sebbene un po' dispiaciuta  *although rather disappointed*
per non aver trovato  *for not having found*
orgoglioso  *proud*
fui (essere)  *I was*

## Notes about use of tenses

Perfect—Past Definite—Imperfect

As we have seen, in the spoken language the perfect is generally used in preference to the past definite. Note that:

1   The events that carry the narrative a stage forward in time are in the past definite. These are in italics. They show *the next thing that happened.*

2   'Background' happenings or states are in the imperfect. These are underlined.

3   Conversation is either in the present or the perfect.

Here is an adaptation of the dialogue from Chapter 16 to illustrate the use of these tenses:

Maria ed Anna avevano un appuntamento in Via Navona. Poichè non conoscevano la città, *chiesero* la direzione ad un passante.

'Non ho mai sentito parlare di Via Navona,' *rispose* il signore.

Le due amiche allora *si rivolsero* al giornalaio che gridava a squarciagola: 'Corriere della Sera! Espresso! . . .'

Questi *spiegò* che la strada che cercavano si trovava a poca distanza da dov'erano. Le signorine lo *ringraziarono* e si *rimisero* in cammino. Ma poichè non arrivavano mai, *chiesero* di nuovo la direzione: questa volta ad un venditore ambulante che vendeva borse e cappelli di paglia. Per arrivarci, ci voleva ancora un quarto d'ora a piedi, perciò *decisero* di prendere l'autobus. *Andarono* alla fermata dove c'era una grande folla e mentre aspettavano il 106, *incominciò* a piovere.

'Che stupide!' *esclamò* Anna. 'Quando siamo uscite, abbiamo visto che il cielo era nuvoloso, e non abbiamo pensato di portare l'ombrello.' *Salirono* sull'autobus e *fecero* due biglietti per Piazza Mazzini.

'Andiamo avanti, perchè dobbiamo scendere alla prossima fermata,' *disse* Anna a Maria.

| questi | *the latter* |
| quegli | *the former* |

## Exercises and practice

**A**   DOPO AVERE + past participle

Transform the following pairs of statements (which are in the past definite) by using *Dopo Aver(e)* + past participle, as in the example.

*T.* Prima comprai il gettone, poi telefonai.
*S.* Dopo aver comprato il gettone, telefonai.

1   Prima chiamò il cameriere, poi gli chiese il conto.
2   Prima aprì la rivista, poi la lesse.
3   Prima ascoltò il giornale radio, poi uscì.
4   Prima ricevette il regalo, poi ringraziò.
5   Prima chiuse la porta, poi accese la luce.
6   Prima verificarono il conto, poi diedero la mancia.
7   Prima finirono la lezione, poi se ne andarono.
8   Prima scrissero le lettere, poi le imbucarono.
9   Prima fecero il biglietto, poi presero il treno.
10   Prima spensero la televisione, poi si coricarono.

**B**  Perfect

Transform Exercise **A** to the perfect tense.

*T.* Prima comprai il gettone, poi telefonai.

*S.* Prima ho comprato il gettone, poi ho telefonato.

*Note:* If preferred Exercises **C**, **D** and **E** can be used as further practice on the perfect/imperfect tenses.

**C**  Past Definite: 3rd person singular

Here is an account of what happened in Chapter 19 written in the present tense. Put it into the past definite. You will require 3rd person singular only. Change the present tense *only*. e.g. first sentence:

*T.* Giulia arriva a Firenze. Prima di telefonare . . .

*S.* Giulia arrivò a Firenze. Prima di telefonare . . .'

Giulia arriva a Firenze. Prima di telefonare alla sua amica, pensa di prendere un caffè. Vede una pasticceria: entra, si siede ed ordina un caffè lungo. Chiede al cameriere di spiegarle come telefonare. Antonio le dice di comprare un gettone. Giulia si alza, va alla cassa e ne compra uno. Si avvicina al telefono, inserisce il gettone nella fessura. Forma il numero e aspetta un po'. Poi pensa di chiamare il centralino. Finalmente dall'altro capo del filo risponde la cameriera. Giulia deve ritelefonare più tardi per parlare con la sua amica.

**D**  Past Definite: 3rd person singular and plural

Do the same as in Exercise **C** using both singular and plural forms. This passage is adapted from Chapter 9.

Anna e Michele decidono di andare a Napoli. Anna prepara i bagagli e Michele l'aiuta. Prendono tutto l'occorrente per il viaggio e lo mettono nelle valigie. Poi vanno alla stazione a fare i biglietti.
'Prima o seconda classe?' chiede l'impiegato.
'Seconda classe con cuccette,' risponde Michele.
Pagano e subito dopo entrano nel bar dove bevono qualcosa. Alle 16,30 partono per l'Italia.

**E**  Past Definite and Imperfect

In each of the following ten sentences, there is one verb to be put in the past definite (completed action in the past) and the other in the imperfect. Select accordingly.

*T.* Poichè ha mal di testa, prende un'aspirina.

*S.* Poichè aveva mal di testa, prese un'aspirina.

1  Me ne vado perchè ho fretta.
2  La commessa mi fa lo sconto perchè la conosco.
3  Poichè è anziana, le offro il posto.

4 Compro l'ombrello, perchè piove a dirotto.
5 Perde il portafoglio, perchè ha la tasca rotta.
6 Non chiudono le valigie, perchè non hanno le chiavi.
7 Non va al ricevimento, perchè non ha l'abito da sera.
8 Non mangiano molto, perchè non hanno appetito.
9 Non esce, perchè ha le scarpe rotte.
10 Poichè non siamo sicuri, ci rivolgiamo all'ufficio informazioni.
11 Non compra la borsa, perchè non ha soldi.
12 Non telefoniamo, perchè non sappiamo il suo numero.

**F** Imperfect

Insert the imperfect of the verb which is given in the first part of the sentence.

*T.* In Inghilterra beviamo il tè, ma quando eravamo in Italia, — sempre il caffè.
*S.* In Inghilterra beviamo il tè, ma quando eravamo in Italia, bevevamo sempre il caffè.

1 Questo vestito non mi piace più. Prima mi — molto.
2 Ora studia abbastanza. Prima non — mai.
3 Ora viene spesso a trovarci. Prima non — mai.
4 Questo quadro vale 100.000 lire. L'anno scorso ne — 50.000.
5 Non ho voluto il cappello che Mario — regalarmi.
6 Ora sta meglio. Ieri — male.
7 Ora parla sempre in inglese. Quando era piccolo — in italiano.
8 Ora abitano a Torino. Una volta — a Lucca.
9 Oggi porta un vestito rosso. Ieri ne — uno bianco.
10 Perchè non telefonano più? A Venezia — ogni giorno.

**G** Imperfect: ESSERE/AVERE

The same as Exercise **F**, but this time the choice is limited to the imperfect of *essere* or *avere* which are not necessarily given you in the first part.

1 Ora ha cento lire. Stamattina ne — mille.
2 Le riviste non sono più sulla tavola: sono sicuro che stamattina — lì.
3 Non ha amici in questa città? Ne — uno, ma è partito per l'Italia.
4 Ha dei francobolli? Ne — , ma li ho usati tutti.
5 Ah, eccoli! — nel giardino di Maria.
6 I bambini hanno rotto tutti i giocattoli. Ne — tanti!
7 Avete visto il giornale che — sulla scrivania?
8 Non è venuto, perchè — il raffreddore.
9 Quando arrivammo, il museo — chiuso.
10 Ho perso la chiave! L' — in tasca!
11 Sono andati a letto, perchè — sonno.
12 Mangiarono pane e salame, perchè — fame.

**H** SI—impersonal singular and plural

Complete the following sentences with the impersonal form in either the singular or plural according to the noun, using the verbs *vendere*, *comprare* or *vedere*.

*T.* I francobolli . . .

*S.* I francobolli si vendono dal tabaccaio.

Here are the nouns you will need (with prepositions):

| | | |
|---|---|---|
| dal fruttivendolo | dal panettiere | alla biglietteria |
| dal giornalaio | dal salumiere | dal fioraio |
| dal pescivendolo | dal farmacista | dal libraio |
| dall'orefice | sulla spiaggia | alla televisione |
| al cinema | a teatro | al museo |

| | |
|---|---|
| 1  I biglietti . . . | 9  Il telegiornale . . . |
| 2  La frutta . . . | 10  Gli orologi . . . |
| 3  I giornali . . . | 11  I film . . . |
| 4  Le rappresentazioni . . . | 12  La sabbia . . . |
| 5  Il salame . . . | 13  Il pesce . . . |
| 6  La medicina . . . | 14  Il pane . . . |
| 7  I fiori . . . | 15  Le opere d'arte . . . |
| 8  I libri . . . | |

**I** SI—impersonal with choice of verb

Here you are given a list of places and you have to say what one does in them, using impersonal *si*.

*T.* Cosa si fa?  In un bar.

*S.* Si beve.

Cosa si fa?

| | |
|---|---|
| 1  In cucina. | 7  In chiesa (pregare). |
| 2  Nella sala da pranzo. | 8  A teatro. |
| 3  Nella camera da letto. | 9  Al cinema. |
| 4  Nel salotto. | 10  A scuola. |
| 5  Ad una festa. (mangiare, bere, ballare, etc.) | 11  In una biblioteca. |
| 6  Nel mare (nuotare). | 12  In una libreria. |

**J** Impersonal SI

Transform these sentences using impersonal *si*. Notice that in this construction, although the verb is 3rd person singular, the adjective following the verb *essere* (if there is one) is masculine plural.

*T.* In Germania bevono molta birra.

*S.* In Germania si beve molta birra.

*T.* Quando siamo giovani, impariamo presto.

*S.* Quando si è giovani, s'impara presto.

1  La domenica non lavoriamo.
2  Nell'osteria beviamo il vino.
3  Dove andiamo stasera?
4  A scuola parliamo italiano.
5  Non siamo mai soddisfatti su questa terra.
6  In Italia non bevono molto tè.
7  In questo istituto insegnano l'italiano.
8  Arriviamo alle otto.
9  Parliamo molto e non concludiamo nulla.
10  Col danaro possiamo comprare quel che vogliamo.

## Useful words and expressions

telefonare a qualcuno
fare, annullare una telefonata
mettere giù, riagganciare il ricevitore
interrompere, togliere la comunicazione
aspettare, ottenere la comunicazione
una chiamata: in teleselezione (STD), urbana, personale
una cabina telefonica
una telefonata notturna
numero sbagliato: Ha sbagliato numero.
linea occupata, libera
Per cortesia, mi può mettere in comunicazione col numero . . .?
Che numero desidera?
Per favore mi dia . . .
Non risponde.

un apparecchio guasto
un abbonato
un elenco telefonico
il prefisso
il centralino
un'interurbana
Dica!
Parli pure!
Attenda in linea!

C'è un guasto al telefono.
Ha il telefono in casa?

Un turista inglese, vedendo un pescatore napoletano sdraiato oziosamente sulle rocce vicino al mare, gli chiese:

— Invece di star lì a dormire come un ghiro, non potrebbe fare qualcosa di utile?

— Cosa dovrei fare? rispose il pescatore.

— Potrebbe aggiustare la sua rete, continuò l'inglese.

— Perchè dovrei aggiustarla? aggiunse il pescatore.

— Come!... Potrebbe pescare più pesci: sardine, sogliole, merluzzi...

— Che me ne farei di più pesci? chiese il napoletano.

— Li venderebbe ad una pescheria e guadagnerebbe più soldi. Con il ricavato comprerebbe una barca più grande.

— E a che mi servirebbe una barca più grande di quella che ho?

— Le darebbe la possibilità di guadagnare abbastanza per avere dei pescatori. I pescatori potrebbero lavorare per lei.

— Ebbene: avrei una barca più grande, avrei dei pescatori alle mie dipendenze, e con ciò cosa otterrei?

— Potrebbe permettersi un motopeschereccio, come quello laggiù. Con esso potrebbe far fortuna, e diventare l'uomo più ricco di Napoli.

— A che varrebbe far fortuna?

— Comprerebbe un grande palazzo. Parte di esso l'affitterebbe ai turisti e guadagnerebbe altri soldi. Avrebbe dei servitori, e così lei non lavorerebbe più: insomma, potrebbe fare 'la dolce vita'.

Il pescatore guardò perplesso l'inglese:

— Dovrei fare tutto ciò per fare 'la dolce vita'? Ma caro signore, non è ciò che sto facendo ora, qui sulle rocce: 'la dolce vita'?


## Questions on the text

1  Chi è che parla e a chi parla?
2  Come mai l'inglese si trova a Napoli?
3  Il turista e il pescatore, sono tutti e due seduti?
4  Cosa fa l'inglese appena vede il pescatore?
5  Cosa gli consiglia di fare con la rete rotta?
6  Cosa potrebbe fare il napoletano con più pesci e perchè?
7  Continuerebbe a lavorare da solo dopo aver acquistato una barca più grande?
8  Col motopeschereccio ed i pescatori alle sue dipendenze, rimarrebbe ancora povero?
9  Cosa potrebbe fare con parte del palazzo e perchè?
10  Una volta comprato il palazzo, cosa farebbe lui e cosa farebbero i servitori?
11  Perchè il pescatore guarda perplesso l'inglese?

## Questions for you

1 Ha mai visto pescare? Che cosa? Dove? Ha mai pescato?
2 Come si veste un pescatore?
3 Secondo lei, è meglio sdraiarsi sulla sabbia, sulle rocce o su una sedia a sdraio per prendere il sole? Perchè?
4 Guarderebbe più volentieri una partita di calcio, o dei pescatori pescare? Perchè?
5 Qual è il suo pesce preferito e come le piace di più: fritto, lesso, al forno?
6 In quale parte dell'Inghilterra il pesce è più fresco? Perchè?
7 Descriva un fiume, un lago o un acquario.
8 Le piace andare in barca? Chi rema quando ci va?
9 Lei è il proprietario o l'inquilino della casa in cui abita? Descriva i vantaggi e gli svantaggi sia dell'uno che dell'altro.
10 In che consiste per lei 'la dolce vita'?

## Notes

fare la dolce vita   *to lead a life of leisure*
*il* turista, la turista   *tourist*
vedendo un pescatore   *seeing a fisherman*
sdraiato oziosamente   *lying lazily*
la roccia   *rock*
invece di star lì   *instead of staying there*
dormire come un ghiro   *to sleep like a log* (lit: *dormouse*)
non potrebbe . . . qualcosa di *utile*   *couldn't you . . . something useful*
cosa dovrei fare?   *what should I do?*
aggiustare   *repair*
la rete   *net*
aggiungere   *add*
come!   *why!*
potrebbe pescare . . .   *you could fish*
*la* sardina   *sardine*
*la* sogliola   *sole*
*il* merluzzo   *cod*
che me ne farei di . . .   *what would I do with . . .*
la pescheria   *fish shop*
guadagnerebbe   *you would earn*

il ricavato   *with the proceeds*
comprerebbe una barca   *you would buy a boat*
a che mi servirebbe . . .   *what would be the use of . . .* (*to me*)
le darebbe   *it would give you*
avrei   *I'd have*
alle mie dipendenze   *in my service*
con ciò   *with that*
otterrei (ottenere)   *I'd obtain, get*
permettersi   *to afford*
*un* motopeschereccio   *motor trawler*
con esso   *with it*
far fortuna   *to make one's fortune*
diventare   *to become*
a che varrebbe . . . (valere)   *what would be the use of . . .*
*l*'affitterebbe   *you would let it*
altri soldi = più soldi   *more money*
insomma   *in short*
perplesso   *puzzled*
ciò che sto facendo   *what I'm doing now*

## Exercises and practice

**A** Conditional

Answer the following questions which refer to you, by changing the initial verb in the present tense to the conditional. Add the infinitive in the answer where there is one in the question.

*T.* Dovete andarci? Si,   *. . . ma forse non avremo tempo.*
*S.* Sì, dovremmo andarci, ma forse non avremo tempo.

1 Vuole un caffè? No,   *. . . una granita di limone.*

2  Vuole dei fiammiferi? No,   ... *dei cerini.*
3  Deve uscire? Sì,   ... *un momento.*
4  Non può venire adesso? No, ma   ... *più tardi.*
5  Non potete aspettare? Sì,   ... *ma sarebbe inutile.*
6  Vuol telefonare? Sì,   ... *all'ingegner Corradi.*
7  Deve farlo stasera? No,   ... *subito.*
8  Non volete comprarlo? Sì,   ... *ma non abbiamo abbastanza soldi.*
9  Deve mandarli ora? No,   ... *entro due settimane.*
10  Può accompagnarla? Sì,   ... *in macchina.*

**B**  POTERE and SAPERE (POTERE = *can: to be able to*)
          (SAPERE = *can: to know how to*)

Fill in the blank spaces with the appropriate person of *potere or sapere* in the present tense.

*T.* È buio: i ragazzi non — leggere.
*S.* È buio: i ragazzi non possono leggere.

1  È troppo piccolo: non — ancora parlare.
2  È pericoloso lasciarli soli nel mare: non — nuotare.
3  La sua racchetta è rotta: non — giocare a tennis.
4  Questi ragazzi sono una massa d'ignoranti! Non — ancora parlare italiano!
5  Il bar è chiuso: Carlo non — prendere una birra.
6  Non abbiamo fiammiferi: non — accendere il gas.
7  Peccato! Non ha mai avuto lezioni di pianoforte: non — suonare.
8  Con tante lezioni che ha avuto, non — ancora guidare la macchina!
9  Che vergogna! È sposata da dieci anni e non — ancora cucinare!
10  Ci dispiace, ma (noi) non — venire stasera, perchè aspettiamo degli ospiti.
11  Ho dimenticato gli occhiali: non — scrivere.
12  Non — bere liquori, perchè il medico me li ha proibiti.

**C**  Gerund

Replace the group of words in brackets by a gerund formed from the same verb. Remember that *non* precedes the gerund.

*T.* (Poichè doveva) fare il bucato, comprò del detersivo.
*S.* Dovendo fare il bucato, comprò del detersivo.

1  (Poichè non sapevo) cosa dire, non risposi.
2  (Poichè non ho) il passaporto, non posso partire.
3  (Quando sento) le canzoni italiane, mi viene la nostalgia dell'Italia.
4  (Poichè era) tardi, dovettero rincasare.
5  (Quando sentiamo) l'odore del ragù, ci viene l'acquolina in bocca.
6  L'appetito viene (quando si mangia).
7  (Poichè non avevano) la macchina, andarono a piedi.
8  (Quando lessi) la lettera, mi commossi.

9 (Poichè non aveva) spiccioli, non mi diede il resto.
10 (Quando entrò) nella sala da pranzo, esclamò: 'Buon appetito!'
11 (Quando uscii) di casa, inciampai nello zerbino.
12 (Quando cadde) dall'albero, si ruppe una gamba.

**D** STARE + gerund (*to be -ing:* STO SCRIVENDO = *I am writing*)

Express what a person is doing with *sta* + gerund.

*T.* Non posso disturbarlo: (*leggere*)
*S.* Non posso disturbarlo, sta leggendo.

1 Non posso disturbarlo: (*dormire*).
2 Non posso interromperlo: (*spiegare*) la lezione.
3 Non voglio mandarlo a giocare: (*studiare*).
4 Non può uscire: (*lavorare*).
5 Non può accompagnarla: (*riparare*) la macchina.
6 È meglio non chiamarlo: (*parlare*) col direttore.
7 Non può venire: (*mangiare*).
8 Non può rispondere al telefono: (*fare*) il bagno.

**E** Comparisons

Using the adjective given at the beginning of the sentence, make comparisons between the pairs of nouns with *più . . . di* or *più . . . di* + article. Remember to make the adjective agree.

*T.* Veloce: gli aerei, i treni.
*S.* Gli aerei sono più veloci dei treni.

1 Grande: Londra, Roma.
2 Pigro: Antonio, Claudio.
3 Piccolo: la novella, il romanzo.
4 Grande: i ragazzi, i bambini.
5 Morbido: la lana, il cotone.

6 Piccolo: l'appartamento, il palazzo.
7 Pesante: le poltrone, le sedie.
8 Forte: i sigari, le sigarette.
9 Chiuso: i settentrionali, i meridionali.
10 Alto: gl'inglesi, gl'italiani.

**F** PIÙ . . . DI/DEL/DELLA, etc.

*T.* Non c'è una pescheria più grande a Napoli.
*S.* È la pescheria più grande di Napoli.

*T.* Non c'è una pescheria più grande nella città.
*S.* È la pescheria più grande della città.

1 Non c'è un pescatore più pigro al mondo.
2 Non c'è un uomo più fortunato al mondo.
3 Non c'è un appartamento più grande nel palazzo.
4 Non c'è uno studente più bravo in classe.
5 Non c'è un quadro più antico nel museo.
6 Non c'è una villa più piccola nel paese.

7  Non c'è una camera più cara nell'albergo.
8  Non c'è una piazza più grande a Venezia.

## Useful words and expressions

| | | | |
|---|---|---|---|
| l'aringa | la casa | il padrone | abitare |
| l'acciuga | il palazzo | il proprietario | soggiornare |
| l'aragosta | il grattacielo | l'inquilino | ammobiliare |
| l'ostrica | l'appartamento | ⎰il portiere | sfrattare |
| il gambero | l'ascensore | ⎱il portinaio | traslocare |
| il merluzzo | il portone | | affittare |
| il salmone | il balcone | la villa | pernottare |
| gli scampi | la finestra | la villetta | trattenersi |
| le sardine | la porta | il villino | |
| | la persiana | il giardino | |
| | il cancello | l'alloggio | |
| | la portineria | il quartiere | |
| | l'attico | | |

il pesce: fresco, fritto, affumicato, lesso, salato, marinato
al pianterreno
al primo piano
al secondo piano
all'ultimo piano
pagare: la pigione, in anticipo,
          l' affitto, l'ipoteca

*Barbiere e parrucchiere*

| | |
|---|---|
| il parrucchiere | il fissatore |
| la parrucca | lo shampoo |
| il taglio | capelli: lunghi, corti, ricci, ondulati, pettinati, |
| la permanente | spettinati. |
| la messa in piega | la barba |
| | il barbiere |

Prima di ripartire per Roma, avevamo deciso di fare una bella scampagnata. Eravamo in dieci, e tutti, chi in un modo, chi nell'altro, avevamo aiutato per i preparativi. Io ero andata con Maria dal fornaio a comprare dei panini e dei filoni di pane. Antonio e Peppino avevano acquistato i tre fiaschi di vino, le gassose e le Coca-Cola. Carmela e Lucia avevano preso alla salumeria tre etti di prosciutto crudo, due etti di salame, due etti di mortadella e un quarto di formaggio. Silvia aveva provveduto alle posate, ai tovaglioli, ai bicchieri, e al termos per tener fresca l'aranciata. Nicola e Lola, che sono due bravi cuochi, avevano fatto delle frittate di maccheroni, che sono ideali per il picnic. Le pesche che Lucio aveva portato erano belle grandi e l'uva dolce e matura.

Avevamo preparato tutto il sabato, anche i costumi da bagno, perchè ci saremmo avviati molto presto la domenica mattina.

In Italia il tempo è sempre bello, e quando Lola, che è inglese, aveva suggerito di portare l'ombrello, dico l'ombrello e non l'ombrellone, tutti eravamo scoppiati a ridere.

La mattina della scampagnata, infatti, il sole scottava tanto che avevamo dovuto metterci il cappello di paglia. Ci saremmo divertiti un mondo! Io avevo portato persino la chitarra, e quando per strada mi ero messa a suonare e a cantare, un altro gruppo si era accodato a noi.

La pineta era zeppa di gente e perciò fu impossibile trovare un posticino al fresco. Tutti quelli che erano arrivati prima di noi si erano seduti all'ombra degli alberi. Ma che importava? Eravamo andati per divertirci ed abbronzarci.

Avevamo camminato, avevamo cantato a squarciagola, ora avevamo una fame da lupo: stendemmo la tovaglia sull'erba secca, versammo il vino nei bicchieri, mettemmo le frittate di maccheroni nei piatti, e restammo con il costume da bagno che avevamo già sotto il vestito.

Ci eravamo appena seduti e stavamo per mangiare, quando ad un tratto il cielo si oscurò e giù un acquazzone da morire: lampi, tuoni, insomma non avevo mai visto in vita mia un temporale simile. Ci fu un fuggifuggi. In un momento il vino era traboccato, i bicchieri si erano riempiti di pioggia, i panini si erano inzuppati d'acqua, i maccheroni galleggiavano nelle pozzanghere che rapidamente si erano formate per terra. Piovve tutto il santo giorno; arrivammo a casa bagnati fradici, con all'orecchio la voce di Lola che per tutta la strada gridava: 'L'avevo detto di portare l'ombrello! L'avevo detto!'

## Questions on the text

1   Cosa avevano fatto Maria e Antonio per aiutare nei preparativi?
2   Cosa avevano fatto col termos?
3   Le pesche, le avevano comprate nella pineta?
4   Perchè avevano portato i costumi da bagno?
5   A che servono l'ombrello e l'ombrellone?
6   Cosa avevano fatto per proteggersi la testa dal sole?
7   Cosa aveva fatto con la chitarra una ragazza della comitiva?
8   Da dove era traboccato il vino e dove era finito?
9   La pozzanghera è grande come un lago? L'ombrellone è più piccolo dell'ombrello?
10  Aveva fatto bene o male Lola a consigliare l'ombrello, e perchè?
11  Di quante persone era composta la comitiva?


## Questions for you

1   Come si protegge dal sole, dalla pioggia, dal freddo?
2   Cosa si potrebbe fare quando fa bel tempo?
3   Cosa si potrebbe fare quando piove?
4   Descriva un bel posticino dove ha fatto o vorrebbe fare una scampagnata.
5   Secondo lei, quale sarebbe il mese migliore in Italia, o in Inghilterra per fare una scampagnata? Perchè?
6   Le piace mangiare all'aperto? Perchè?
7   Abiterebbe in una zona dove ci sono molti italiani? Perchè?
8   Per gl'italiani, l'inglese tipico è: alto, magro, riservato, e porta sempre l'ombrello e la bombetta. Per lei, qual è l'italiano tipico?
9   Converrebbe andare all'estero soltanto per il weekend? Cosa si potrebbe fare in due giorni?
10  Secondo lei, sarebbe una buona cosa o no, poter regolare il clima?
11  Sa suonare qualche strumento musicale? Se no, ne vorrebbe saper suonare uno?
12  Preferisce la musica moderna, o quella classica?


## Notes

prima di ripartire   *before going back*
scampagnata   *picnic*
avevamo deciso (decidere)   *we had decided*
avevamo aiutato (aiutare)   *we had helped*
chi in un modo, chi nell'altro   *in our various ways*
i preparativi   *preparations*
fornaio   *baker*
il filone   *stick of French bread*
acquistare   *to acquire*
fiasco   *flask*
gassosa   *aerated water (as fizzy lemonade)*

tre etti di prosciutto crudo   *300 grams of raw ham*
salumeria   *delicatessen store*
provvedere   *to supply*
un termos   *thermos flask*
Nicola   *Nicholas*
cuoco   *cook*
avevano fatto (fare)   *they had made*
aveva portato (portare)   *he had brought*
frittata di maccheroni   *cooked macaroni fried with egg into a thick pancake*
bello grande   *nice and big*

dolce *sweet*
maturo *ripe*
ci saremmo avviati (avviarsi) *we would* (lit:
    *would have) set off*
suggerire *to suggest*
scoppiare a ridere *to burst out laughing*
avevamo dovuto metterci *we had to put on*
ci saremmo divertiti un mondo *we would have
    a wonderful time*
persino *even*
chitarra *guitar*
per strada *on the way*
mettersi a suonare *to begin to play (an
    instrument)*
cantare *to sing*
gruppo *group*
accodarsi *to join on (to the group)*
pineta *pine wood*
posticino (*dim. of* 'posto') *spot*
al fresco *in a cool place*
che importava? Eravamo andati . . . *what did
    it matter? We had gone . . .*
abbronzarsi *to get tanned*
a squarciagola *at the top of one's voice*
avevamo camminato *we had walked*

avevamo una fame da lupo *we were simply
    starving*
stendere *to spread*
tovaglia *tablecloth*
secco *dry*
versare *to pour*
c'eravamo appena seduti *we had just sat down*
ad un tratto *all of a sudden*
oscurarsi *to grow dark*
ciclo *sky*
e giù un acquazzone da morire *and it pelted
    with rain*
lampo *lightning*
tuono *thunder*
*un* temporale simile *such a storm*
*un* fuggifuggi *a stampede*
traboccare *to spill, overflow*
riempire *to fill*
inzuppare *to soak*
galleggiare *to float*
pozzanghera *puddle*
per terra *on the ground*
tutto il santo giorno *the whole blessed day*
bagnato fradicio *soaking wet*
orecchio *ear*
*l'*avevo detto (dire) *I told you (so)*

## Exercises and practice

**A** Pluperfect + GIÀ (ESSERE or AVERE).

Replace infinitives by pluperfect, adding *già*.

*T.* Non ho potuto vedere Maria: (*uscire*).

*S.* Non ho potuto vedere Maria: era già uscita.

1 Quando sono arrivato alla stazione, il treno (*partire*).
2 Quando mio fratello è rincasato, io (*andare*) a letto.
3 Quando abbiamo telefonato, i biglietti (*esaurire*).
4 Quando siamo arrivati, lo spettacolo (*cominciare*).
5 Quando sono andato in villeggiatura, (*fare*) gli esami.
6 Quando mi consigliò di mangiare alla carta, (*ordinare*) il pranzo a prezzo fisso.
7 Quando sono andati in Italia, (*studiare*) l'italiano.
8 Abbiamo trovato i documenti che (*firmare*) l'altro giorno.

**B** Pluperfect

Here are pairs of sentences: the first sentence is in the present, the second of each pair in the perfect. Imagine everything took place yesterday, so that the first of each pair will be in the perfect, the second in the pluperfect.

*T.* Leggo il giornale. L'ho trovato in treno.

*S.* Ieri ho letto il giornale. L'avevo trovato in treno.

1 Vado dai Vigliotti. Mi hanno invitato a cena.
2 Prendo l'autobus. Ho perso il treno.
3 L'alunno esce di scuola tutto contento. Ha fatto bene gli esami.
4 Devo rinnovare il passaporto. È scaduto.
5 Non entro nella stazione. Non ho fatto il biglietto.
6 Ritorno in albergo. Ho dimenticato l'impermeabile.
7 Apro le persiane. Le ho chiuse a mezzogiorno a causa del sole.
8 Andiamo a trovare il ragioniere. Purtroppo è partito per Roma.

**C** Comparisons.  PIÙ . . . DI (more than)  COME (like, as . . . as)
  MENO . . . DI (less than)

Insert *di*, *di* + article, or *come*, whichever is appropriate, in the blank spaces.

*T*. Le sedie sono più piccole — le poltrone.
*S*. Le sedie sono più piccole *delle* poltrone.

1 L'argento è meno prezioso — l'oro.
2 Come sei sporco! Sei nero — il carbone.
3 Per me l'aspirapolvere è più utile — la lavastoviglie.
4 Quel bambino è più intelligente — te.
5 Quest'anno abbiamo avuto un inverno più freddo — l'anno scorso.
6 L'ultimo quadro di quel pittore è meno bello — gli altri.
7 È stato troppo tempo al sole. È rosso — un peperone.
8 Quella signora ha la pelle bianca — il latte.
9 Cos'ha in questa valigia? Pesa — il piombo.
10 Come balli bene! Sei leggera — una piuma.

**D** CHI—CHE—prepositions + CUI (CHI = 'who' in direct or indirect questions)
(CHE = who, that, which, how, what, what a)

Complete the blank spaces with *chi*, *che*, or preposition + *cui*, whichever is appropriate.

1 — era quel signore — lei parlava stamattina?
2 Era il professore — mi aveva consigliato di iscrivermi alla scuola serale.
3 L'istituto — è grande e moderno, ha cinque piani.
4 Non tutti gli studenti — frequentano questo istituto, sono stranieri.
5 — stupido! Ho dimenticato di chiedere al bidello, dov'è la segreteria.
6 Ho già compilato il modulo — mi ha dato la segretaria.
7 L'aula — facciamo lezione, è esposta al sole.
8 Il gesso — il professore scrive alla lavagna, si rompe sempre.
9 L'argomento — si parla, è interessante.
10 La persona — sto scrivendo è un mio carissimo amico.
11 Questo è il motivo — l'ho fatto venire.
12 Il cane — sente abbaiare, è del mio vicino di casa.
13 — tempaccio!
14 — fate qui a quest'ora?
15 Guardi un po' in — pasticcio si è cacciato!
16 Guarda — si vede! Ti ho cercato dappertutto, senza mai riuscire a trovarti.

**E** Numbers with and without NE

In the following questions answer substituting 'ne' for the noun wherever possible.
*T.* Quanti giorni ci sono nel mese di marzo?
*S.* Ce ne sono trentuno.
BUT
*T.* Quante settimane e quanti giorni ci sono nel mese di febbraio?
*S.* Ci sono quattro settimane o ventotto giorni.

1 Quanti mesi ci sono in un anno?
2 Quanti giorni ci sono in una settimana?
3 Quanti giorni ci sono in un anno?
4 Quante sedie e quante tavole ci sono nella sua camera da letto?
5 Quanti minuti ci sono in un'ora?
6 Quanti anni ci sono in un secolo?
7 Quanti etti e quanti quarti ci sono in un chilo?
8 Quante lavagne ci sono in quest'aula?
9 Quanti piani e quanti ascensori ci sono in quest'istituto?
10 Quante lettere ci sono nell'alfabeto inglese?
11 Quanti acquai e quanti frigoriferi ci sono nella sua cucina?
12 Quanti giorni ci sono nel mese di settembre?

**F**   Days and Dates

Give days or dates in answer to the following questions:

1   Che giorno è oggi e che giorno era ieri?
2   Quando è Capodanno?
3   Quando è Natale?
4   Quando è incominciato questo trimestre e quando finirà?
5   Quando è il suo compleanno?
6   Quando è la festa di San Giorgio?
7   Quando è il compleanno della regina?
8   Quando è il ferragosto?
9   Quando si fa il pesce d'aprile?
10  In che anno siamo?

**G**   Revision of DI and DA

Fit *di* or *da* into the following sentences, or *da* + article.

1   Spero — rivederla presto.
2   Ho tanta sete: voglio bere un bicchiere — acqua minerale.
3   Andiamo — salumiere a comprare del prosciutto.
4   — dove viene?
5   Per l'acqua usiamo le bottiglie — vino.
6   Sono lieto — accettare il vostro invito.
7   Non ho nulla — dichiarare.
8   Ha qualcosa — fare?
9   Non ho più saputo niente — loro.
10  Mi passi gli occhiali — sole.
11  Si vede meglio — vicino.
12  Senza occhiali non vedo — lontano.
13  Comprami un pacchetto — sigarette — venti.
14  Dov'è la macchina — scrivere?
15  Ho comprato l'abito — sera.

**H**   ME NE DIA + weights, measures or numbers

Provide the request following the exclamation as in the example. Choose any suitable weight, measure or number.

*T.* Come sono belle queste pesche!
*S.* Me ne dia un chilo!

1   Come sono belle queste pere!
2   Com'è buono questo vino!
3   Com'è fresco questo pesce!
4   Come sono freschi questi pomodori!
5   Come sono grandi queste uova!
6   Com'è dolce quest'uva!
7   Com'è buono questo prosciutto!
8   Che belle statuette!
9   Che bei bicchieri!
10  Com'è buono questo salame!

## Useful words and expressions

acqua: corrente, di mare, fresca, minerale, piovana, potabile.
cielo: nuvoloso, sereno, azzurro.
andare: a piedi, in bicicletta, in treno, in pullman.
camminare: sotto la pioggia, adagio in fretta, in punta di piedi, su e giù.
fare: una passeggiata, un giretto, un giro, una gita, l'autostop.

| | | |
|---|---|---|
| ripararsi dalla pioggia | piovigginare | divertirsi |
| fare aspettare qualcuno | mangiare un boccone | annoiarsi |
| piovere a dirotto | bere un sorso | non mancherò di venire, di andare. |

| | | |
|---|---|---|
| Che giornataccia! | Come fa freddo! | all'aperto |
| Che magnifica giornata! | Come fa caldo! | al fresco |
| Che giornata afosa! | Com'è bello! | all'ombra |
| Che brutta giornata! | Che freddo! | al sole |
| Che bella giornata! | Che caldo! | al buio |

Quanto costa: al chilo, al litro, all'etto ecc.?
Mi dia un chilo di ..., un etto di ... ecc.

| | | | |
|---|---|---|---|
| fresco | guasto | pesare | lo stipendio |
| maturo | marcio | misurare | il salario |
| acerbo | buono | vendere | l'onorario |
| dolce | ottimo | comprare | fare lo sconto: del dieci per cento, |
| amaro | tenero | assaggiare | del venti per cento |
| forte | duro | | |

| | | |
|---|---|---|
| il latte | il lattaio | la latteria |
| il salame | il salumiere | la salumeria, la drogheria |
| il pesce | il pescivendolo | la pescheria |
| la carne | il macellaio | la macelleria |
| il pane | il fornaio | la panetteria |
| | il panettiere | il panificio |
| il tabacco | il tabaccaio | la tabaccheria |

*Vini, Olii, Liquori*

scegliere
ordinare
il vino: amabile (o dolce), bianco,
   rosso, secco, spumante, sfuso,
   da tavola.
mandare: a casa, a prendere
avvolgere
Ha: il resto, spiccioli?
Può cambiarmi un biglietto da cinquemila lire?

Com'era contento il dottor Corradi mentre guidava la sua Fiat 124! Aveva deciso con sua moglie Angela, di festeggiare quella sera le nozze d'oro da 'Zi' Teresa', famoso ristorante napoletano.

Nonostante l'intenso traffico sull'autostrada, non poteva fare a meno di riandare con la mente alla prima volta che c'erano stati cinquant'anni prima. Aveva ragione di vantarsi della sua buona memoria! Ricordava ogni particolare di quella indimenticabile serata: 'Il tavolo all'aperto, le magnifiche posate d'argento, i bicchieri per l'acqua e per il vino, la tovaglia a quadri blu, la meravigliosa vista del Vesuvio, del mare, della luna e del cielo stellato. E la cena, che cena squisita! Quel buon vino napoletano, Lacrima Cristi! C'eravamo quasi ubriacati. Per antipasto avevamo scelto . . . ah sì: salame con olive verdi, acciughe, cetrioli e pomidoro per me; prosciutto crudo con melone per mia moglie. Gli spaghetti con le vongole, cotti al dente, proprio come piacevano ad Angela; le lasagne al forno piene di mozzarella e polpettine. L'imbarazzo della scelta del secondo poi: frittura di pesce, cotolette alla milanese, bistecche alla fiorentina, pollo alla diavola... Che ricco menù! Alla fine, io avevo preso manzo con contorno di peperoni fritti e purè di patate, e mia moglie aveva ordinato costata alla pizzaiola con insalata mista. Mamma mia! Solo a pensarci mi viene l'acquolina in bocca! E com'erano belle quelle ceste di frutta fresca che il cameriere portava in giro per i tavoli: arance, mele, pere, uva, banane, pesche, albicocche, ananàs . . . Ogni ben di Dio! E quante risate!

Al tavolo accanto, c'erano due inglesi che avevano ordinato a Peppino (ricordava anche il nome del cameriere!) spaghetti al sugo. Chissà perchè invece della sola forchetta, usavano anche il coltello. Tutti si voltavano a guardarli.'

La memoria del dottor Corradi era così perfetta che gli sembrava di rivivere quella scena. Ricordava persino che dopo aver pagato il conto, gli era rimasta ancora qualche moneta—pochi spiccioli: la mancia per Peppino. Ora invece aveva molti soldi da spendere. Dopo tutto non si trattava di un semplice compleanno o di un semplice onomastico, ma delle 'nozze d'oro'. Avrebbe anche ordinato una bottiglia di sciampagna.

'Che fortuna avere una memoria formidabile!' continuava a ripetere a se stesso in macchina sorridendo con soddisfazione. All'improvviso si accorse di essere arrivato. Era proprio lì davanti a 'Zi' Teresa'.

'Allora dove parcheggiamo?' chiese ad Angela. Ma Angela non rispose. 'Angela!' gridò improvvisamente disperato. 'Angela! . . . Dov'è Angela? . . .'

Aveva dimenticato di passare dalla suocera a prendere sua moglie!

## Questions on the text

1 Era scapolo il dottor Corradi?
2 Da quanto tempo era sposato?
3 Non c'era nessun'altra macchina sull'autostrada quando andava da Zi' Teresa?
4 Come si sa che i signori Corradi avevano bevuto molto al ristorante?
5 Cosa avevano fatto da Zi' Teresa? (rispondere con tre verbi differenti).
6 Avevano preso il pesce per secondo piatto?
7 Si erano serviti da soli?
8 Come si dovrebbero mangiare gli spaghetti, e come li mangiavano i due inglesi?
9 Il dottor Corradi, come aveva speso gli spiccioli che gli erano rimasti dopo aver pagato il conto?
10 Appena arrivato da Zi' Teresa (la seconda volta), cosa voleva sapere da sua moglie?

## Questions for you

1 Quando ricorrono le nozze d'argento, e quando quelle d'oro?
2 Sa guidare? Ha la macchina? Che consigli darebbe ad un autista e ad un pedone per evitare gl'incidenti?
3 Si è mai ubriacato? In che occasione? Cosa fa un ubriaco?
4 Descriva un episodio della sua vita che le è rimasto impresso nella mente.
5 È vero il detto: 'Gli ospiti sono come il pesce: dopo tre giorni puzzano.'?
6 Come condiscono l'insalata gl'italiani e come la condiscono gli abitanti di altri Paesi?
7 È meglio prendere il pranzo a prezzo fisso, o alla carta? Perchè?
8 Cosa si festeggia nel suo paese o a casa sua, ed in che modo?
9 Ha una buona memoria? Quali sono le cose che ricorda bene e quali quelle che dimentica facilmente?
10 Si dice che: 'Il pesce grosso mangia sempre il pesce piccolo.' È vero? Discutere in proposito.

## Notes

Com'era contento il dottor Corradi! *How happy Dr Corradi was!*
guidare *to drive*
le nozze d'oro *golden wedding*
nonostante *in spite of*
intenso *heavy*
autostrada *motorway*
non poteva fare a meno di riandare con la mente *he couldn't help going over again in his mind*
c'erano stati *they had been there*
aveva ragione di vantarsi di *he was right to boast about . . .*

ricordare ogni particolare *to remember every detail*
indimenticabile *unforgettable*
all'aperto *in the open air*
argento *silver*
tovaglia a quadri blu *blue check tablecloth*
meravigliosa vista *marvellous view*
luna *moon*
cielo stellato *starry sky*
squisito *exquisite*
c'eravamo quasi ubriacati *we had almost got drunk*
antipasto *hors d'oeuvre*

avevamo scelto (scegliere)  *we had chosen*
*le* acciughe  *anchovies*
cetriolo  *cucumber*
*il* melone  *melon*
*le* vongole  *mussels*
cotti al dente  *cooked to a turn*
proprio come piacevano ad Angela  *just the
    way Angela liked them*
*le* lasagne al forno  *kind of oven-baked pasta*
mozzarella  *soft buffalo-milk cheese*
polpettina  *meat ball*
l'imbarazzo della scelta  *too much to choose
    from*
frittura di pesce  *mixed fry (of fish)*
*le* cotolette alla milanese  *meat dipped in bread
    crumbs and fried*
bistecca alla fiorentina  *steak cooked in the
    Florentine way*
pollo alla diavola  *chicken cooked on burning
    embers*
contorno  *vegetables*
*i* peperoni fritti  *fried peppers*
*il* purè di patate  *mashed potatoes*
costata alla pizzaiola  *chop fried with tomatoes,
    garlic and origan (a herb)*
insalata mista  *mixed salad*
solo a pensarci  *just to think about it*
cesta  *basket*

portare in giro  *to carry round*
arancia  *orange*
mela  *apple*
pera  *pear*
albicocca  *apricot*
*un* ananàs  *pineapple*
ogni ben di Dio  *everything you could wish for*
risata  *laugh, laughing*
al tavolo accanto  *at the next table*
*gli* spaghetti al sugo  *spaghetti in tomato sauce*
chissà  *goodness knows*
voltarsi  *to turn round*
rivivere  *to live over again*
mancia  *tip*
moneta  *coin*
trattarsi  *to be a question of*
onomastico  *name-day*
avrebbe anche ordinato  *he would also order*
a se stesso  *to himself*
*la* soddisfazione  *satisfaction*
si accorse (accorgersi) di essere arrivato  *he
    realised he had arrived*
era proprio lì  *he was right there*
parcheggiare  *to park*
improvvisamente  *suddenly*
disperato  *in despair*
suocera  *mother-in-law*
prendere  *to collect*

## Exercises and practice

**A**  Conditional Perfect in reported speech.

Put the following sentences into reported speech using *Disse che . . .* (He said that . . .)
and the conditional perfect. Assume that the subject is masculine.

*T.* 'Comprerò un appartamento'.  *'I'll buy a flat.'*
*S.* Disse che avrebbe comprato un appartamento. *He said he would buy a flat.*

1  'Andrò in villeggiatura.'
2  'Partirò per l'America.'
3  'Farò una crociera.'
4  'Chiuderò il portone.'

5  'Userò la calcolatrice.'
6  'Non gli chiederò scusa.'
7  'Presto saprò l'esito degli esami.'
8  'Andrò dal medico per una visita di controllo.'

The next eight sentences have a plural subject.

*T.* 'Aspetteremo alla stazione.'  *'We'll wait at the station.'*
*S.* 'Dissero che avrebbero aspettato alla stazione.'  *They said that they would wait
at the station.*

9  'Non verremo a scuola.'
10  'Usciremo al più presto.'
11  'Ci andremo insieme.'
12  'Useremo la lavatrice.'

13  'Ritorneremo prima delle otto.'
14  'Festeggeremo le nozze d'oro.'
15  'Guarderemo la festa dal balcone.'
16  'Spegneremo la luce dopo la lezione.'

**B**   Verbs + A + Noun

Answer the following questions (remembering they refer to you) using the same verb as in the question + *a* + noun in brackets. You must also replace noun object of the question by an appropriate object pronoun. Use articulated form of *A* where necessary.

*T.* A chi ha lasciato tutti i suoi averi?      *... un istituto di beneficenza.*
*S.* Li ho lasciati a un istituto di beneficenza.

1   A chi ha chiesto il modulo?      *... segretaria.*
2   A chi ha regalato il vocabolario?      *... mia sorella.*
3   A chi ha insegnato l'italiano?      *... mio fratello.*
4   A chi ha restituito il libro?      *... bibliotecario.*
5   A chi ha prestato la penna?      *... mio vicino di banco.*
6   A chi aveva detto la verità?      *... giudice.*


**C**   All the following questions refer to you. You must replace the indirect object in the question by the appropriate pronoun and use the same verb in the answer.

*T.* Non ha offerto un bicchiere di vino al muratore? No,      *... una sigaretta.*
*S.* No, gli ho offerto una sigaretta.

1   Non ha mostrato il passaporto al controllore? No,      *... il biglietto.*
2   Non ha consigliato l'albergo al suo amico? No,      *... la pensione.*
3   Non ha ordinato il vino al cameriere? No,      *... la birra.*
4   Non ha promesso un orologio a sua moglie? No,      *... un accendino.*
5   Non ha affittato l'appartamento a quel turista? No,      *... la villa.*
6   Non ha scritto una cartolina a sua zia? No,      *... una lettera.*
7   Non ha fatto un telegramma ai suoi? No,      *... una telefonata.*
8   Non ha dato i soldi al commesso? No,      *... un assegno.*


**D**   Avoidance of Possessive

Complete the following sentences using suitable noun preceded by the definite article. Notice that in English 'my, your', etc. is used.

*T.* Quando parli con me, non mettere — in tasca!
*S.* Quando parli con me, non mettere *le mani* in tasca!

1   Quando cammino molto, mi fanno male — .
2   Se leggo troppo, mi fanno male — .
3   Per guardare il cielo, devo alzare — .
4   Per chiedere il permesso di parlare, un alunno alza — .
5   Se fa freddo quando esco, mi metto — .
6   Prima di entrare, pulitevi bene — sullo zerbino (*doormat*).
7   Alla stazione il facchino ci porta — .
8   Ho parlato molto: mi fa male — .

**E** Double pronouns: doing something for someone.
Notice in these examples how Italian expresses the idea of: 'I'll do/carry/buy, etc./it for you.

   *T*. Ho dimenticato di lavare la camicia!
   *S*. Non si preoccupi! Gliela lavo io.

1 Ho dimenticato di fare la spesa!
2 Ho dimenticato di comprare il pane!
3 Ho dimenticato di condire l'insalata!
4 Ho dimenticato di stirare i fazzoletti!
5 Ho dimenticato di fare il conto!
6 Ho dimenticato di grattugiare il formaggio!
7 Ho dimenticato di cambiare i soldi!
8 Ho dimenticato di fare la traduzione!

## Useful words and expressions

| | | | |
|---|---|---|---|
| il pane | i legumi | la frutta | il formaggio |
| il burro | i contorni | il melone | il provolone |
| la marmellata | la verdura | il cocomero | il gorgonzola |
| il sale | i piselli | il pompelmo | il parmigiano |
| il pepe | le carote | i lamponi | il groviera |
| la mostarda | i cavolfiori | le fragole | la mozzarella |
| il prezzemolo | i cavoli | le prugne | il formaggio olandese |
| il sedano | i cavolini | le susine | |
| la salvia | i cetrioli | i ribes | |
| la cipolla | le patate | | |
| l'aglio | gli spinaci | la carne di: agnello, manzo, vitello, | |
| l'olio | gli zucchini |    maiale, di montone. | |
| l'aceto | le melanzane | la carne macinata | |
| l'uovo | le zucche | il pollo | |
| | la lattuga | il tacchino | |

il piatto del giorno
dare la mancia
pagare: il coperto, il conto.

il pranzo: a prezzo fisso, alla carta.
un piatto: caldo, freddo, vegetariano.
una tavola: per due, per tre ecc.
Si serva da sè!
Un pasto pesante mi sta sullo stomaco

MILANO, 7 dicembre.

Carissimo Michele,

mi è pervenuta la tua graditissima e ti ringrazio molto. Che piacere aver ricevuto uno scritto così lungo! È un po' come aver fatto una lunga chiacchierata.

Sono felice che godiate tutti ottima salute e che al piccolo Carlo piaccia la nuova scuola.

Sabato scorso abbiamo avuto la prima nevicata, un po' prematura in verità, ma ben accolta perchè è sempre uno spettacolo delizioso ammirare nel suo candido bagliore, questa città solitamente annerita dallo smog. Ormai non ve n'è più traccia ed il sole è tornato a risplendere.

Ti ringrazio di cuore per le belle parole, ma credo sia più giusto che rivolga io a te le congratulazioni per aver superato l'esame d'inglese, giacchè il merito è tutto tuo: senza il tuo aiuto sarei stato bocciato. L'esame di francese però, non potrò farlo a febbraio, perchè ne sono a digiuno. Infatti ora è venuto ad insegnare proprio un parigino, pignolo al cento per cento, il quale subito s'è reso conto che non sappiamo nemmeno leggere ed ha iniziato con la fonetica; su detto argomento, è già un mese che tiene lezioni e sembra che voglia ancora continuare per molto. È molto bravo e spiega tutto in francese, ma credo abbia il difetto di pretendere da noi la perfezione: non è l'unica materia che dobbiamo studiare!

Io partirò domani mattina per Praga e starò via sei giorni. Mia sorella Vera, forse la ricordi, non potrà venire perchè lavora in un bellissimo negozio d'arredamento dove pare che abbiano dei mobili stupendi, stile moderno. È sempre a contatto con clienti ricchissimi, architetti e arredatori; lei stessa se lo vorrà, potrà seguire un corso d'arredamento a gennaio. La mattina si occupa della corrispondenza con i vari architetti, le ambasciate ed i consolati; al pomeriggio, delle vendite. Fa dei piccoli schizzi per i clienti e pare sia molto felice di questa sua nuova occupazione.

L'idea di venire a Londra da te, è sempre viva e potrebbe anche darsi che attraverso i viaggi organizzati per studenti, ci sia anche come meta l'Inghilterra: in questo caso puoi esser certo che mi butterò a pesce!

Questo viaggio che faccio in Cecoslovacchia è organizzato dall'associazione studentesca e paghiamo una cifra veramente irrisoria, viaggio in aereo, soggiorno ecc. solo L. 80.000!

Ti ho spedito due libri: 'Maledetti Toscani' di Curzio Malaparte (1896-1957), giornalista e scrittore notissimo, e 'Il Visconte Dimezzato' del torinese Italo Calvino

(1923-    ), che conosci benissimo. Il primo mette in risalto il carattere dei toscani. Credo sia interessante per i tuoi studenti inglesi che spesso si recano a Firenze, così hanno modo di apprendere da chi e perchè scaturiscono quelle opere d'arte che tanto ammirano. Il secondo è una fiaba semplice, scorrevole e piacevole. Benchè allegorica, credo sia di facile comprensione. Circa la saggistica pubblicata in Italia, dovresti rendermi noto l'argomento che più possa interessarti: letteratura, cinema, teatro, economia, politica, arte ecc. Ho preso qualche libro di narrativa di Domenico Rea, Mario Tobino, Ignazio Silone che presto t'invierò. Se hai bisogno di altro, non hai che farmelo sapere: sarò felicissimo di accontentarti.

In attesa di vostre nuove, vi abbraccio tutti con molto affetto,

aff<sup>mo</sup>

Franco.

## Questions on the text

1  Chi aveva inviato la lettera, e chi aveva risposto ad essa?
2  Dove abitavano Michele e Franco?
3  Perchè Franco aveva gradito una lettera tanto lunga?
4  A chi piaceva la nuova scuola?
5  Di solito che tempo fa a Milano e che tempo aveva fatto il sabato prima del 7 dicembre?
6  Perchè Franco aveva ringraziato il suo amico londinese?
7  Perchè aveva detto che non avrebbe fatto l'esame di francese a febbraio?
8  Com'era il nuovo professore, che difetto aveva e di dov'era?
9  Gli studenti universitari erano bravi in francese?
10  Per dove sarebbe partito Franco il giorno dopo aver scritto la lettera, e per quanto tempo sarebbe stato via?
11  Chi era Vera e cosa avrebbe potuto fare nel mese di gennaio?
12  Perchè Franco nella sua lettera aveva accennato a Londra?
13  In Inghilterra sarebbe andato da solo o con un gruppo?
14  Perchè riteneva irrisorio il prezzo del viaggio?
15  Avrebbe dovuto pagare extra per il vitto e l'alloggio in Cecoslovacchia?
16  Chi sono Malaparte e Calvino? Sono tutti e due ancora vivi?
17  In che regione d'Italia si trova Firenze e perchè è famosa?
18  Qual è la differenza fra una fiaba, un romanzo e una novella?
19  Franco aveva già spedito a Michele il libro di Domenico Rea e 'Maledetti Toscani'?
20  Michele cosa avrebbe dovuto far sapere a Franco?

## Questions for you

1  Che specie di lettere gradisce di più: lunghe, corte, ecc?
2  Descriva la prima nevicata dell'anno.

3 Ha mai fatto un esame d'italiano? Se sì, ce ne parli. Altrimenti ne descriva un altro e ci dica del suo stato d'animo prima e dopo.

4 Da piccolo ha frequentato una scuola statale o privata? Descriva i vantaggi e gli svantaggi dei due sistemi.

5 Descriva il professore più simpatico o più antipatico che abbia mai avuto.

6 Descriva: *a.* Il professore ideale.
            *b.* Lo studente ideale.

7 Quali sono i mobili e gli elettrodomestici più utili? Perchè?

8 Faccia il paragone fra un treno ed un'auto dicendo cosa hanno in comune e in cosa differiscono.

9 A chi vorrebbe scrivere una lettera anonima e cosa vorrebbe dire in essa?

10 Descriva dettagliatamente un suo giorno di lavoro o che tipo di lavoro vorrebbe fare e perchè.

## Notes

mi è pervenuta (pervenire) la tua gradit*i*ssima (lettera) *I have received your most welcome letter*

ringraziare *to thank*

*il* piacere *pleasure*

*uno* scritto *letter*

è un po' come *it's a bit like*

chiacchierata *chat*

sono felice che godiate (godere) tutti *o*ttima salute *I'm happy you are all keeping very well*

che . . . piaccia (piacere) *that he likes*

nevicata *snowfall*

prematuro *premature*

in verità *really*

ben accolta *welcome*

delizioso *delightful*

ammirare *to admire*

nel suo candido bagliore (*in*) *its dazzling whiteness*

solitamente *usually*

annerita (annerire) *darkened, obscured*

ormai *by now*

traccia *trace*

risplendere *to shine again*

ti ringrazio di cuore *I sincerely thank you*

credo sia giusto *I think it is right*

che rivolga io a te le congratulazioni (rivolgere) *that I should be the one to congratulate you*

superare un esame *to pass an exam*

giacchè il merito è tutto tuo *since the credit is all yours*

sarei stato bocciato (bocciare) *I would have failed* (*the exam*)

ne sono a digiuno (ne=francese) *I know no French at all*

insegnare *to teach*

proprio un parigino *an actual Parisian*

pignolo al cento per cento *terribly particular*

*il* quale *who*

s'è reso conto (rendersi) *he realised*

non . . . nemmeno *not even*

fonetica *phonetics*

su detto argomento *on this subject*

tenere lezioni *to give lessons, lectures*

sembra che v*o*glia (volere) *it seems that he wants to*

per molto (tempo) *for a long time*

bravo *good*

spiegare *to explain*

credo (che) abbia il difetto di pretendere *I think he is wrong to expect*

*la* perfezione *perfection*

*l'* *u*nica materia *the only subject*

stare via *to be away*

ricordare *to remember*

neg*o*zio d'arredamento *furniture shop and interior decorator's*

pare che abbiano (avere) *it appears they have*

*i* m*o*bili (il m*o*bile) *furniture*

*lo* stile moderno *the modern style*

a contatto con *in contact with*

architetto *architect*

*un* arredatore *interior decorator*

seguire un corso d'arredamento *to take a course in interior decorating*

si *o*ccupa di (occuparsi) *she deals with*

vario *various*

ambasciata *embassy*

consolato *consulate*

*le* vendite *sales*

schizzo *sketch*

pare che sia  *it appears she is, she seems to be*
un'occupazione  *job*
  l'idea di venire a Londra è sempre viva  *I'm still very keen on coming to London*
  potrebbe anche darsi che  *it is also possible that*
  attraverso  *through*
  ci sia (essere)  *there may be*
  meta  *destination*
  certo  *sure*
  mi butterò a pesce  *I'll just grab the chance*
un'associazione studentesca  *students' union*
una cifra veramente irrisoria  *a ridiculously low sum*
  un giornalista  *journalist*
uno scrittore  *writer*
  notissimo  *very well-known*
  torinese  *from Turin*
  mettere in risalto  *to bring out*
  il carattere dei toscani  *the Tuscan character*
  credo (che) sia  *I think it will be*
  spesso si recano (recarsi)  *they often go*
  hanno modo di apprendere  *they have the possibility of learning*

scaturire  *to originate*
opera d'arte  *work of art*
una fiaba semplice, scorrevole e piacevole  *a simple fable that flows pleasantly along*
benchè allegorica  *although allegorical*
di facile comprensione  *easy to understand*
circa la saggistica  *with regard to criticism*
pubblicata  *published*
rendermi noto  *to let me know*
che più possa interessarti  *which would interest you most*
letteratura  *literature*
economia  *economics*
politica  *politics*
libro di narrativa  *fiction book*
altro  *anything else*
non hai che farmelo sapere  *all you need do is to let me know*
accontentare  *to please*
in attesa di vostre nuove  *looking forward to hearing from you*
abbracciare  *to embrace*
affetto  *affection, love*
aff$^{mo}$ = affezionatissimo  *yours affectionately*

## Exercises and practice

**A**   CREDO CHE + ABBIA/ABBIANO (Present subjunctive).

Answer the following questions by using:

   Sì, credo che abbia . . .

*or* Sì, credo che abbiano . . .

according to the person of the verb in the question. Precede the noun by *molto*, *molti*, or *molta* so that the adjective agrees.

*T.* Hanno vergogna?

*S.* Sì, credo che abbiano molta vergogna.

| | |
|---|---|
| 1  Ha pazienza? | 6  Hanno amici italiani? |
| 2  Ha danaro? | 7  Hanno coraggio? |
| 3  Ha appetito? | 8  Hanno fiducia? |
| 4  Ha freddo? | 9  Hanno paura? |
| 5  Ha tempo? | 10  Hanno ambizione? |

**B**   CREDO CHE + SIA/SIANO (Present subjunctive).

Answer as in Exercise **A**, but using *sia* or *siano*, and precede the adjective by *molto* which, being an adverb here, does not change.

*T.* Quella macchina è comoda?

*S.* Sì, credo che sia molto comoda.

| | |
|---|---|
| 1 Quella trattoria è buona? | 7 Quel bambino è timido? |
| 2 Questo documento è importante? | 8 L'Italia è bella? |
| 3 Michele è stanco? | 9 Gl'inglesi sono alti? |
| 4 Quel professore è bravo? | 10 Quei mobili sono cari? |
| 5 Quel dottore è occupato? | 11 Le strade sono pericolose? |
| 6 Quella signorina è simpatica? | 12 Gli esercizi sono facili? |

**C** CREDO CHE+ *-are -ere -ire* verbs (Present subjunctive).

The same as the two previous exercises, but using other verbs which are supplied in the question, and adding, instead of *molto* the word or words at the end.

*T.* Quel cliente aspetta da molto? Sì,     *... da mezz'ora.*
*S.* Sì, credo che aspetti da mezz'ora.

1 Luisa mangia poco? Sì,     *... pochissimo.*
2 Questi studenti imparano abbastanza? Sì,     *... moltissimo.*
3 Piove spesso lì? Sì,     *... sempre.*
4 Quel negoziante vende poco? No,     *... molto.*
5 Quel vecchietto vede bene? Sì,     *... benissimo.*
6 I turisti spendono molto? Sì,     *... moltissimo.*
7 Gli ospiti partono stasera? No,     *... domani.*
8 Il bambino di Luisa capisce qualcosa? Sì,     *... tutto.*
9 Gli studenti capiscono? Sì,     *... tutte le parole.*
10 Quei ragazzi leggono molto? Sì,     *... moltissimo.*

**D**   SPERO  CHE + various verbs (Present subjunctive).

As Exercise **C**, but this time using *spero che* . . . The sentences are given in pairs:
the first of each pair, being in the third person plural, will give the stem for the
subjunctive.

*T. Finiscono* ora? No, ma      *... presto.*
*S.* No, ma spero che *finiscano* presto.

*T. Finisce* ora? No, ma      *... presto.*
*S.* No, ma spero che *finisca* presto.

1  Escono subito? No, ma      *... più tardi.*
2  Esce subito? No, ma      *... più tardi.*
3  Restano a cena? No, ma      *... a pranzo.*
4  Resta a cena? No, ma      *... a pranzo.*
5  Vengono spesso? No, ma      *... oggi.*
6  Viene spesso? No, ma      *... oggi.*
7  Possono farlo subito? No, ma      *... domani.*
8  Può farlo subito? No, ma      *... domani.*
9  Lo dicono a tutti? No, ma      *... a qualcuno.*
10  Lo dice a tutti? No, ma      *... a qualcuno.*
11  Puliscono tutto l'argento? No, ma      *... almeno le posate.*
12  Pulisce tutto l'argento? No, ma      *... almeno le posate.*

**E**   SPERO, CREDO, PENSO CHE + verb + object pronouns (or *ci*) where necessary
(Present subjunctive).

The same as the previous exercises: you still have to give the present subjunctive,
but here you are given the perfect tense in the question.

Add object pronouns where necessary.

*T.* Sono già andati in vacanza? No, ma spero che      *... quest'estate.*
*S.* No, ma spero che vadano quest'estate.

1  È già partito? No, penso che      *... domani.*
2  Sono già usciti? No, credo che      *... fra poco.*
3  Hanno già finito? No, ma spero che      *... per mezzogiorno.*
4  Sono già arrivati gli ospiti? No, ma spero che non      *... troppo tardi.*
5  È già andato a Firenze? No, ma spero che      *... quanto prima.*
6  Ha già venduto l'appartamento? No, credo che      *... entro il mese entrante.*
7  È già guarito il malato? No, ma spero che      *.. presto.*
8  Hanno già visto quello spettacolo? No, ma credo che      *... lunedì.*
9  Hanno già costruito il palazzo? No, penso che      *... a febbraio.*
10  Ha già ottenuto il posto? No, ma spero che      *... appena laureato.*

**F** PENSO, CREDO, PARE CHE+STARE/FARE/DARE/ANDARE/DOVERE/ SAPERE (Present subjunctive).

As before, but be careful with the above group of verbs, since they all have irregular subjunctive forms (*stia, faccia, dia, vada, debba, sappia*). There are however no object pronouns to worry about.

*T.* Sa andarci? Sì, credo che      ... *da solo.*
*S.* Sì, credo che sappia andarci da solo.

1  Va bene quell'orologio? No, credo che      ... *indietro.*
2  Vanno bene gli affari di don Antonio? No, penso che      ... *piuttosto male.*
3  Stanno comodi lì? Sì, penso che      ... *abbastanza comodi.*
4  Fa bel tempo in Irlanda? No, anzi pare che      ... *molto freddo.*
5  Dà fastidio quel bambino? No, pare che non      ... *troppo fastidio.*
6  Deve prendere il treno? No, pare che      ... *l'aereo.*
7  Sanno dove abita l'avvocato? No, pare che non      ... *neppure il suo numero telefonico.*
8  Devono rinnovare il passaporto? Sì, credo che      ... *rinnovarlo di nuovo.*
9  Fanno sempre attenzione? No, pare che non      ... *mai attenzione.*
10  Si danno del tu? No, credo che      ... *del lei.*

**G** FARE+infinitive+object (=to let *or* make someone do something).

Answer the following questions using the noun or pronoun at the end to form your answer.

In Numbers 1-4 the object pronouns are given in the question.
In Numbers 5 and 6 you have to replace the nouns in the question by object pronouns.

Be careful to make the past participle agree.

*T* Chi l'ha fatta sedere?      ... *io.*
*S.* L'ho fatta sedere io.

1  Chi l'ha fatto entrare?      ... *io.*
2  Chi le ha fatte cadere?      ... *il gatto.*
3  Chi li ha fatti uscire?      ... *il bambino.*
4  Chi l'ha fatto aspettare?      ... *noi.*
5  Chi ha fatto entrare gli ospiti?      ... *la padrona di casa.*
6  Chi ha fatto venire i ragazzi?      ... *la bambinaia.*

**H** Double pronouns with FARE+infinitive.

These questions refer to you. Use double pronouns in your answer. Make sure the participle agrees with the preceding direct object pronoun.

*T.* Le hanno fatto visitare la chiesa? *Sì,* ...
*S.* Sì, me l'hanno fatta visitare.

*T.* Vi hanno fatto visitare la chiesa? *No,* ...
*S.* No, non ce l'hanno fatta visitare.

1  Le hanno fatto assaggiare il vino? *No,* ...
2  Le hanno fatto fare la telefonata? *Sì,* ...
3  Le hanno fatto pagare la dogana? *No,* ...
4  Le hanno fatto vedere le fotografie? *No,* ...
5  Vi hanno fatto pagare la multa? *Sì,* ...
6  Vi hanno fatto tagliare i capelli? *No,* ...
7  Vi hanno fatto vedere i monumenti? *Sì,* ...
8  Vi hanno fatto parcheggiare la macchina? *Sì,* ...


## Useful words and expressions

lettera: di congratulazioni, di condoglianze, d'affari,
    personale, raccomandata, semplice, ferma in posta,
    urgente, con risposta pagata.
fare: sapere, consapevole.
rendere noto
pagare la soprattassa
rimandare al mittente
rispondere a stretto giro di posta
disguido di posta
presso famiglia . . .
indirizzo sconosciuto

scrivere a macchina
battere a macchina
stenografare
finire
firmare
copiare
ricevere
mandare
inviare
spedire
imbucare
impostare
archiviare

C'è posta oggi? È arrivata la posta?
È venuto il postino?
Il postino ha portato tre lettere.
Mi ha fatto molto piacere leggere la sua lettera.
Mi è pervenuta la sua graditissima e la ringrazio molto.
Ho ricevuto la sua del venti.
Ho il piacere d'informarla . . .
Rispondendo alla sua pregiata . . .
In risposta alla sua . . .
La ringrazio della sua ospitalità.
Spero di rivederla presto.
Non vedo l'ora di rivederla.
In attesa di una sua . . .
Le sarei molto grato se mi facesse sapere . . .
Distinti, cordiali, cari, affettuosi
saluti (estensibili in famiglia).
Baci
Abbracci
TELEGRAMMA: ARRIVATO BENE+SEGUE LETTERA

la buca
la levata
la distribuzione
la corrispondenza
    posta aerea
    stampe
    campione senza valore
    espresso
il vaglia

GIOVANNI
MARIA     sua moglie
Cameriere

| | |
|---|---|
| MARIA | La bellezza di questa città è proprio incomparabile! |
| GIOVANNI | E mette su anche un certo appetito! . . . Non credi sia ora di andare in cerca di un ristorante? |
| MARIA | La signora Beatrice che è venuta qui lo scorso anno, mi ha detto che fanno delle pizze squisite . . . Oh, ecco, proprio di fronte a noi una pizzeria. Andiamo? |
| GIOVANNI | Certo, ed al più presto, altrimenti morirò di fame. |
| CAMERIERE | Vogliono accomodarsi al secondo piano, signori? Al primo, come possono vedere, i tavoli sono tutti occupati. Prego, da questa parte. |
| MARIA | Vorremmo avere un tavolo vicino alla finestra che guarda il mare. |
| CAMERIERE | Ecco, da qui potete ammirare tutto il golfo. Cosa posso servirvi? |
| MARIA | Io vorrei una bella pizza, e tu Giovanni? |
| GIOVANNI | Anch'io, purchè occorra poco tempo per farla. |
| CAMERIERE | 'Margherita' o al pomodoro? |
| MARIA | Com'è fatta la 'Margherita'? |
| CAMERIERE | Con mozzarella signora, e le assicuro che è buonissima. |
| GIOVANNI | Per me va benissimo una 'Margherita'. Peccato che a te, Maria, non piaccia la mozzarella. |
| MARIA | È vero. Benchè la 'Margherita' sia una vostra specialità, a me la mozzarella non piace; preferisco una pizza al pomodoro. |
| CAMERIERE | Bene signori. Nient'altro? |
| GIOVANNI | Sì, un fiasco di vino rosso per annaffiare il cibo. Grazie. |
| CAMERIERE | Abbiamo anche delle ottime fritture di pesce. |
| GIOVANNI | Per me, nient' altro. Dubito anche che possa finire la pizza. Le fate così grandi qui! Ne vuoi tu, Maria? |
| MARIA | No, grazie. Devo ancora girare per i negozi e non vorrei avere lo stomaco troppo pesante. |
| CAMERIERE | Preferite della frutta? Abbiamo pere, mele, uva, pesche, e sebbene siano fuori stagione, anche delle belle arance. |
| MARIA | Ci porti delle arance! |
| | (*Dopo aver mangiato.*) |
| GIOVANNI | Veramente squisita questa pizza! È la migliore che abbia mai mangiato. Stasera ne mangerò un'altra. |

| | |
|---|---|
| MARIA | Prima di andar via, devo chiedere al pizzaiolo quali siano gl'ingredienti che vi ha messo dentro e quanto tempo deve restare nel forno. Ah, ecco il cameriere! Lo chiedo a lui. |
| GIOVANNI | È difficile che lui lo sappia. Devi chiedere al cuoco. |
| | (*Maria chiede lo stesso al cameriere, e questi le spiega:*) |
| CAMERIERE | Non so come si faccia la 'Margherita', ma se vuole, posso darle la ricetta della 'Pizza Rustica' che è anche molto buona: per lei e suo marito credo che occorrano 300 grammi di pasta ed un po' di lievito. |
| MARIA | Fin qui è facile: posso comprarla già lievitata dal fornaio. |
| CAMERIERE | Benissimo. La compri già lievitata. La metta in una terrina. Aggiunga due tuorli d'uovo ed un pizzico di sale e di pepe. Impasti bene. Prenda poi una teglia. Ne unga il fondo ed i bordi di olio o margarina, li cosparga di farina e li foderi con una parte della pasta. Metta dentro uova sode, formaggio, salame, pancetta, prosciutto. |
| MARIA | Un momento, per favore! Non ce la faccio a scrivere così presto! |
| CAMERIERE | Mi scusi! . . . Dunque, ricopra il tutto con il resto della pasta. Lasci riposare per una ventina di minuti; poi metta la teglia nel forno già caldo, e faccia cuocere per circa un'ora a fuoco moderato. |
| MARIA | Grazie mille. Le assicuro che ogni volta che la mangeremo, penseremo a lei. (*Rivolgendosi a suo marito*). Quando ritorneremo a Bolzano, voglio prepararne alcune per i nostri amici. |
| CAMERIERE | Eh già! Non sanno farle lì. Vero? |
| GIOVANNI | Verissimo . . . Ma cerca, cara, di invitare solo gli amici più antipatici . . . già ne abbiamo perduti diversi dei nostri migliori . . . |

*Note* on the plural of *tu* and *lei*.

In modern Italian the plural of *tu* and *lei* is normally *voi*. But in the text above, the waiter says: *Vogliono accomodarsi* . . . The third person plural form is occasionally heard instead of the more usual *voi* when the circumstances are of a more formal nature: i.e. a waiter in a restaurant or a receptionist in a hotel. The plural imperative would then be: *Si accomodino*—'Sit down'—that is, the third person plural subjunctive form. Even so, notice that the waiter slips easily and naturally into the *voi* form: *Da qui potete ammirare* . . . The student therefore, even though he may occasionally hear the *Loro* form for 'you', will never need to use it himself.

## Questions on the text

1  Dopo la loro visita mattutina alla città, Giovanni cos'ha suggerito di fare a Maria?
2  Perchè sono andati a mangiare alla pizzeria e non al ristorante?
3  Dove si trovava la pizzeria?
4  Perchè il signor Giovanni voleva entrarvi al più presto?
5  Il cameriere dove li ha fatti accomodare e perchè?
6  Perchè volevano un tavolo vicino alla finestra?

7  A che condizione il signor Giovanni avrebbe preso la pizza?
8  Perchè sua moglie ha ordinato una pizza al pomodoro e non una 'Margherita'?
9  Perchè non hanno preso anche una frittura di pesce?
10  Il signor Giovanni come ha trovato la pizza e cos'ha detto che avrebbe fatto quella sera?
11  Perchè ha sconsigliato a sua moglie di chiedere al cameriere come si fa la pizza?
12  Cosa avrebbe dovuto fare la signora Maria con la pasta lievitata?
13  Cosa avrebbe dovuto fare dopo averla impastata?
14  Cosa avrebbe dovuto fare con la teglia?
15  Cosa avrebbe dovuto fare con il resto della pasta?
16  Cosa avrebbe dovuto fare prima di mettere la pizza in forno?
17  Perchè la signora Maria ha ringraziato il cameriere?
18  Che cosa ha assicurato al cameriere?
19  Quando pensava di farle lei le pizze?
20  Perchè avevano perduto diversi dei loro migliori amici?

## Questions for you

1  Che cosa hanno in comune un ristorante ed un piccolo caffè e in cosa differiscono l'uno dall'altro?
2  Quanto si dovrebbe dare di mancia ad un cameriere? Crede che le mance si dovrebbero abolire?
3  Mangerebbe volentieri una pizza rustica, al pomodoro, o una 'Margherita'?
4  Dove consiglierebbe di andare a mangiare ad un italiano che si trova per la prima volta nella sua città? Perchè?
5  Chi vorrebbe avere come vicino di tavola e chi no?
6  Preferisce il cibo forte, insipido, salato, inglese, cinese, indiano, ecc? Un pasto copioso, leggero ecc? Quanti pasti al giorno fa?
7  Sa cucinare? Cosa sa far bene? Le piace cucinare per molte persone? Mangiare da solo o in compagnia? Spieghi come preparare un piatto molto semplice.
8  Immagini di aver molta fame e di non avere soldi per comprare da mangiare. Cosa farebbe? Come si sentirebbe? Come risolverebbe il problema?
9  Descriva il peggior pasto che abbia mai fatto.
10  Si dovrebbe dare molta importanza al mangiare? Si dovrebbero preparare con cura i piatti? Si dovrebbe trascorrere parecchio tempo a tavola?

## Notes

bellezza *beauty*
proprio incomparabile *really incomparable*
mette su un certo appetito *gives one a bit of an appetite*
credi sia = credi che sia *you think it is*
andare in cerca di *to go and look for*

lo scorso anno = l'anno scorso *last year*
proprio di fronte a *right in front of*
pizzeria 'pizza' restaurant
al più presto *as soon as possible*
altrimenti morirò di fame *otherwise I'll die of hunger*

accomodarsi  *to sit down, to make oneself at home*
vogliono accomodarsi al secondo piano  *would you like to go up and sit on the second floor*
prego, da questa parte  *this way please*
che guarda il mare  *which looks out onto the sea*
pizza  *bread dough cooked into a pie with cheese, tomato, etc.*
purchè occorra poco tempo  *provided it doesn't take too long*
Margherita  *a type of 'pizza'*
per me va benissimo una Margherita  *a 'Margherita' suits me fine*
peccato che a te non piaccia  *a pity that you don't like*
benchè (+*subjunctive*) *although*
per annaffiare il cibo  *to wash down the food*
dubito che (+*subjunctive*) *I doubt that*
lo stomaco  *stomach*
sebbene siano fuori stagione  *although they are out of season*
è la migliore che abbia (avere) mai mangiato  *its the best I've ever eaten*
pizzaiolo  *chef who makes the 'pizza'*
forno  *oven*
è difficile che lui lo sappia  *it's unlikely* (lit: *difficult*) *that he would know*
lo stesso  *all the same*
questi  *the latter*

come si faccia  *how it is made*
ricetta  *recipe*
lievito  *yeast*
pasta lievitata  *dough*
fin qui  *up to now*
terrina  *bowl*
tuorlo d'uovo  *egg-yolk*
pizzico di sale  *pinch of salt*
impastare  *to knead*
teglia  *baking tin*
ungere  *to grease*
fondo  *bottom*
bordo  *side*
cospargere  *to sprinkle*
farina  *flour*
foderare  *to line*
uovo sodo  *hard-boiled egg*
pancetta  *bacon*
ricoprire  *to cover*
forno già caldo  *pre-heated oven*
fare cuocere a fuoco moderato  *to cook in a moderate oven*
le assicuro  *I can assure you*
non sanno farle lì, vero?  *they can't make them there, can they?*
verissimo  *they certainly can't*
antipatico  *disagreeable*
diversi  *several*

## Exercises and practice

**A**  Polite Imperative (third person singular present subjunctive).

In the text the waiter explains his recipe using the polite *lei* form. Here is another recipe using the *voi* form which you must transform to the polite imperative. (*Triti una cipolla, etc. . . .*)

Salsa alla bolognese                                              (*Dosi per quattro persone*)
Tritate una cipolla ed una carota e fate soffriggere il tutto in un po' d'olio. Quando la cipolla è dorata, aggiungete 200 grammi di carne, dei pezzetti di pancetta ed un poco di vino. Quando questo è evaporato, mettete della salsa di pomodoro (circa un etto) e ricoprite di acqua. Aggiungete un po' di sale e un po' di pepe, un pizzico di noce moscata e fate cuocere a fuoco lento, per circa due ore.

Con questa salsa potete condire qualsiasi tipo di pasta: tagliatelle, lasagne, cannelloni, ravioli, e così via.

**B**   PENSO CHE + perfect subjunctive

   *T*. Il professore è entrato?
   *S*. Sì, penso che sia entrato una decina di minuti fa.

   *T*. I professori sono entrati?
   *S*. Sì, penso che siano entrati una decina di minuti fa.

   *T*. Il direttore ha firmato?
   *S*. Sì, penso che abbia firmato una decina di minuti fa.

   *T*. I suoi clienti hanno firmato?
   *S*. Sì, penso che abbiano firmato una decina di minuti fa.

| | | | |
|---|---|---|---|
| 1 | Maria è uscita? | 6 | La sua allieva ha finito? |
| 2 | Maria e Luisa sono uscite? | 7 | Le sue allieve hanno letto? |
| 3 | Il treno è arrivato? | 8 | Il ragazzo ha telefonato? |
| 4 | I treni sono arrivati? | 9 | I ragazzi hanno telefonato? |
| 5 | Il suo ospite è partito? | 10 | Giovanni ha finito? |

**C**   BENCHÈ (*although*)
         PURCHÈ (*provided that*).

   Choose between *benchè* or *purchè* for each sentence, according to the sense.

   1   — la domanda sia facile, non sa rispondere.
   2   — abbia studiato molto, è stato bocciato.
   3   — ci andiate subito, vi accompagno io.
   4   Potete restare qui, — non facciate troppo chiasso.
   5   Vi perdonerò — non lo meritiate.
   6   Potete andarci, — ritorniate presto.
   7   — siano ricchi, sono infelici.
   8   Continua a farmi domande — gli risponda a monosillabi.
   9   — mi diciate la verità, non vi punirò.
   10   — abbia dormito molto, ho ancora sonno.

**D**   BENCHÈ + present or perfect subjunctive.

   Transform the following sentences as in the following example:

   *T*. Ha studiato molto, ma è stato bocciato.
   *S*. Benchè abbia studiato molto, è stato bocciato.

   1   Mangia molto, ma non ingrassa mai.
   2   È ricco, ma è avaro.
   3   Fa freddo, ma esce senza cappotto.
   4   Ha sessant'anni, ma corre come un giovanotto.
   5   Lo abbiamo invitato parecchie volte, ma non è mai venuto.
   6   Non ha messo il numero della casa sulla busta, ma la lettera è arrivata ugualmente.
   7   Ha molto tempo, ma non studia mai.

8  Non è perfettamente guarito, ma vuol tornare in ufficio.
9  Ha bevuto molto, ma non si è ubriacato.
10  È povero, ma è molto generoso.

**E**  PURCHÈ (*provided that*) ⎫
  SEBBENE (*although*)        ⎬ +present or perfect subjunctive
                             ⎭

Transform as in Exercise **D**, but this time, when you see *se* in the sentence, you will require *purchè* in your answer (+ present subjunctive).

*T.* Possiamo mangiare qui, se cucinate voi.
*S.* Possiamo mangiare qui, purchè cuciniate voi.

1  Aspetterò, se non occorre troppo tempo.
2  Sono appena rincasati, ma sono usciti un'altra volta.
3  Non ne ho bisogno, ma lo compro lo stesso.
4  Potete andarci, se ritornerete presto.
5  È tardi, ma continuerà a lavorare.
6  Aspetteremo, se ritorna presto.
7  Guarirà certamente, se fa come gli ha detto il medico.
8  Ve lo dirò se non lo riferirete a nessuno.
9  Abita in Inghilterra da diversi anni, ma non si è ancora abituata al clima inglese.
10  È presto, ma è già buio.

**F**  Impersonal expressions and verbs + subjunctive.

Transform the following questions into sentences depending on the impersonal verb given in the second part, using the present subjunctive in your answer.

*T.* Lo dice a me? È inutile ...
*S.* È inutile che lo dica a me.

1  Gli aumenteranno lo stipendio?          È difficile ...
2  Lo compra lei?                          È meglio ...
3  Ci va da solo?                          È consigliabile ...
4  Vanno ora?                              È inutile ...
5  Arriverà prima di me?                   È impossibile ...
6  Lo promuoveranno all'esame?             È impossibile ...
7  Insistete?                              È inutile ...
8  Questa legge potrà essere abolita?      È impossibile ...
9  I ragazzi dicono sempre la verità?      È difficile ...
10  Lo farà oggi?                          È assolutamente necessario ...
11  Ripete la spiegazione?                 Non occorre ...
12  Glielo chiederai?                      Basta che tu ...
13  Paga tanto?                            Non occorre ...
14  A quest'età, ci va a piedi?            È incredibile ...
15  Lo trasferiscono?                      Pare ...

**G** FARE + infinitive with indirect object pronoun.

In this construction the direct object pronoun becomes indirect when the infinitive has an object. In the example, the object of the infinitive is *il conto*.

*T.* Lo faccio pagare.     ... *il conto.*     *T.* La faccio pagare.     ... *il conto.*
*S.* Gli faccio pagare il conto.        *S.* Le faccio pagare il conto.

1   Lo faccio suonare.     ... *il violino.*
2   La faccio cantare.     ... *una canzone italiana.*
3   Lo facciamo bere.     ... *un bicchiere di vino.*
4   Lo facciamo firmare.     ... *il contratto.*
5   La fanno leggere.     ... *il giornale.*
6   Lo fanno mangiare.     ... *la pizza.*
7   La faccio scrivere.     ... *l'appunto.*
8   La fa studiare.     ... *le lingue straniere.*

**H** FARE + infinitive with double pronouns.

Repeat the preceding exercise, but this time replace the noun by a pronoun.

*T.* Gli/le faccio pagare il conto.     *T.* Gli/le faccio pagare la multa.
*S.* Glielo faccio pagare.        *S.* Gliela faccio pagare.

**I** FARE + infinitive + pronoun ( = to have something done).

Note how in the following construction the Italian infinitive has a passive meaning: *far verniciare la casa* = to have the house painted, *far cambiare le lenzuola* = to have the sheets changed, *far lavare le coperte* = to have the blankets washed, etc. The questions below refer to you and you answer in the first person singular, adding a suitable adverb or phrase of time.

*T.* A proposito, ha fatto verniciare la casa?
*S.* Sì, l'ho fatta verniciare la settimana scorsa.

1   A proposito, ha fatto cambiare le lenzuola?
2   A proposito, ha fatto lavare le coperte?
3   A proposito, ha fatto rinnovare il passaporto?
4   A proposito, ha fatto condire l'insalata?
5   A proposito, ha fatto riparare la macchina?
6   A proposito, ha fatto comprare la mozzarella?
7   A proposito, ha fatto mandare il pacco?
8   A proposito, ha fatto fare il conto?

**J** FARSI + infinitive + pronoun.

*Farsi* + infinitive means 'to get or have something done for oneself'. The 'for oneself' (Italian *si*) is normally rendered in English by a simple possessive.

Si fa stirare i vestiti dalla cameriera.    *He (or she) has his (or her) clothes ironed by*
                                      *the maid.*

Situation:

Mia madre è malata. Ha una villa in campagna che è piuttosto isolata. Non ha la macchina e trascorre lì l'estate.

*T.* Chi le porta il latte?       *... da un contadino.*
*S.* Se lo fa portare da un contadino.

1 Chi le porta la posta?        *... da un vicino.*
2 Chi le porta i giornali?       *... da un ragazzo.*
3 Chi le prepara il pranzo?      *... dalla cameriera.*
4 Chi le porta le medicine?      *... dal figlio del farmacista.*
5 Chi le fa le iniezioni?        *... da un'ottima infermiera.*
6 Chi le taglia i capelli?       *... da una contadina.*

**K**   VUOLE CHE + subjunctive and object pronouns

*T.* Non ho ancora comprato i francobolli.
*S.* Vuole che li compri io?

1 Non ho ancora comprato il giornale.
2 Non ho ancora fatto il telegramma.
3 Non ho ancora lavato i piatti.
4 Non ho ancora cambiato i soldi.
5 Non ho ancora imbucato le lettere.
6 Non ho ancora pulito la macchina.
7 Non ho ancora chiamato il dottore.
8 Non ho ancora preso le valigie.

**L**   PREPOSITIONS

Replace the dashes by a suitable preposition

*T.* Prima — andare — scuola, passa — giornalaio — comprare il giornale — mattino.
*S.* Prima di andare a scuola, passa dal giornalaio per comprare il giornale del mattino.

1 Andrò — Venezia la prossima estate.
2 Dopo molti anni — assenza — Italia, ritornerà — patria — le vacanze — Natale.
3 — solito gl'inglesi non prendono il tè — latte.
4 Non hai — caso — spiccioli — tasca — evitare — cambiare un biglietto — mille?
5 Sono andato — farmacista — comprare uno sciroppo — la tosse.
6 Invece — star lì — dormire, cerca — trovare la soluzione — problema.
7 Gli parlerò — pochi minuti — dirgli — eseguire quel lavoro — molta attenzione e —finirlo — più presto.
8 — tutti questi vocaboli — imparare — memoria, finirò — diventare pazzo!

## Useful words and expressions

il menù
il listino dei prezzi
la lista dei vini
Ho sete.
Ho fame.
Non ho appetito.
Per me nient'altro, grazie.
Vuole altro?
Cosa vuole per primo, per secondo, ecc?
E dopo, cosa vuol mangiare?
Non aspetti, altrimenti si raffredda.
Ne prenda ancora un po'!
Mi dispiace, non posso finirlo.
Buon appetito!
Grazie altrettanto.
Salute!
Facciamo un brindisi!
brindare alla salute di . . .
Cin cin!
niente mance
servizio compreso

la colazione
la pancetta affumicata
la salsiccia
il prosciutto (cotto o crudo)
uova: strapazzate, in camicia, alla
  coque, fritte.

È: salato, squisito, saporito, insipido.
  non sa di niente.

spendere
pagare
consumare
cambiare
ritirare

| il negozio | Upim | | |
| il magazzino | Standa | | |
| il supermercato | La Rinascente | | |
| la succursale | la medicina | il farmacista | la farmacia |
| il commesso | il gelato | il gelatiere | la gelateria |
| la commessa | la torta | il pasticciere | la pasticceria |
| il cliente | il libro | il libraio | la libreria |

Dov'è il reparto: profumeria, abbigliamento, cartoleria, ecc?
Il negozio è aperto, chiuso.
È lavabile? Posso vederlo alla luce?
Vuol metterlo da parte: fino a domani, fino a stasera?
Vorrei vedere: delle statuette, dei portafogli, ecc.
Non ne ha altri?
Vuol mostrarmi quelli che ha?
Si prega di non toccare la merce esposta sul banco.
Il conto è salato.
Prezzi: fissi, ribassati, modici, alti, bassi.

'Cosa faresti se vincessi cinquanta milioni?' mi chiese il notaio Esposito mentre compilava la schedina del totocalcio.

È una di quelle domande a bruciapelo a cui non si sa cosa rispondere.

'Non sono fortunato io!' mi limitai a rispondere. 'Non ho mai vinto niente in vita mia, e poi non gioco . . . Confesso che la sera faccio volentieri una partita a carte con gli amici al caffè e che la domenica vado al circolo del dopolavoro a giocare a biliardo, ma è roba da poco: si scommette un caffè, tutt'al più una birra. Siccome sono sfortunato, come dicevo, non vinco quasi mai e tocca sempre a me pagare. Si dice: 'Chi è fortunato al gioco, è sfortunato in amore,' e ancora: 'Chi è fortunato in amore, è sfortunato al gioco.' Io sono sfortunato sia nell'uno che nell'altro. Comunque, se fossi giocatore, dovrei avere dei soldi per giocare. E se avessi i soldi, prima di tutto, mi comprerei molti vestiti, poi me ne andrei a San Remo a fare la bella vita. Il giorno me ne uscirei con le più belle ragazze della città, e la sera me ne andrei al casinò. Quando avrei perduto tutto, me ne ritornerei al paese e giurerei di non giocare più nemmeno a tombola la sera della vigilia di Natale. Se vincessi però, farei il giro del mondo. Comprerei una magnifica villa a Capri, dove inviterei tutti i miei amici. Ogni giorno me ne andrei a mangiare in trattoria. Organizzerei delle feste tutte le sere, ordinerei i migliori vini locali. Il weekend lo trascorrerei una volta in un posto, una volta in un altro. Però non andrei alle corse ippiche, altrimenti sarei tentato dalle scommesse sui cavalli e probabilmente perderei tutto. Non di certo sarei egoista; farei anche molte opere di beneficenza. Se vincessi cinquanta milioni per esempio . . .'

'Questa è per te!' interruppe il notaio alzando gli occhi dalla schedina. Era una busta con dentro un foglio di carta bollata:

'Io sottoscritto, Luigi Zampogna, nato a . . ., ecc., ecc. e domiciliato a . . . ecc., ecc., lascio al mio unico nipote Peppino Zampogna, la somma di 500.000 dollari.'

Svenni dal colpo. Quando rinvenni, corsi dal dottore commercialista affinchè mi consigliasse il modo migliore d'investire subito tale patrimonio ereditato dal mio prediletto zio americano che non ho mai conosciuto.

Bene, ora che tutti i miei soldi, sino all'ultima lira, compreso il piccolo risparmio di L100.000 accumulato dopo tanto sudore, sono investiti in industrie, in attesa che essi si triplicheranno—come più volte mi ha assicurato il noto professionista—continuo ad andare al circolo del dopolavoro, ma senza giocare a carte o a biliardo perchè sono completamente al verde!!

## Questions on the text

1 Cosa chiese il notaio Esposito a Peppino Zampogna? (Adoperi il discorso indiretto nella risposta).
2 Perchè Peppino Zampogna si riteneva sfortunato?
3 Cosa andava a fare la sera al caffè, e la domenica al 'Dopolavoro'?
4 Chi vinceva e chi perdeva quando Peppino giocava con gli amici?
5 Se avesse avuto dei soldi, che avrebbe fatto per prima cosa?
6 Come avrebbe trascorso le giornate e le serate a San Remo?
7 Cosa avrebbe fatto se avesse perso tutto al casinò?
8 Che viaggio avrebbe fatto se avesse vinto al casinò?
9 A Capri, se ne sarebbe stato solo solo nella villa?
10 Se al casinò avesse vinto, avrebbe cucinato da solo?
11 Le sue serate sarebbero state monotone?
12 Avrebbe pensato solamente a sè, se avesse vinto?
13 Perchè il notaio lo interruppe?
14 Cosa aveva fatto lo zio americano per suo nipote?
15 Perchè Peppino svenne?
16 Perchè si recò dal dottore commercialista?
17 Questi, cosa gli consigliò di fare?
18 Quante volte Peppino aveva visto suo zio?
19 Aveva guadagnato con facilità le 100.000 lire che aveva risparmiato?
20 Dopo aver ereditato i soldi, perchè non giocava più quando andava al circolo?

## Questions for you

1 Qual è il suo gioco o sport preferito?
2 Cosa farebbe se ricevesse mille sterline a condizione di doverle spendere in due giorni?
3 Ha mai ereditato qualcosa? Se sì, che cosa? Se no, cosa vorrebbe ereditare, a parte il danaro?
4 Se avesse cento milioni (di lire) per fare delle opere di beneficenza, in che modo li distribuirebbe?
5 Qual è il peggior vizio: il gioco, il fumo, o il bere?
6 Si dice che l'Inghilterra batte il primato nei giochi d'azzardo. È vero?
7 Lei è superstizioso? Qual è il colore, il numero e l'oggetto che le porta fortuna?
8 Descriva una persona egoista che conosce o di cui ha sentito parlare.
9 Se avesse la possibilità di fare il giro del mondo, quali città e quali Paesi vorrebbe visitare? Perchè?
10 Illustri il seguente detto con qualche esempio: 'Partire è un po' come morire.'

## Notes

cosa faresti se vincessi ...   *What would you do
   if you won*
notaio   *notary (a type of solicitor)*
mentre compilava la schedina del totocalcio
   *while he was filling in the football pools coupon*
a bruciapelo   *sudden (lit: point-blank)*
fortunato   *lucky*
mi limitai a rispondere   *all I answered was*
non ho mai vinto niente in vita mia   *I've never
   won anything in my life*
giocare   *to gamble*
faccio volentieri una partita a carte   *I love to
   have a game of cards*
circolo del dopolavoro   *workers' social club*
roba da poco   *nothing much*
scommettere   *to bet*
tutt'al più   *at the most*
siccome   *as*
sfortunato   *unlucky*
tocca sempre a me pagare   *I'm always the one
   to pay*
gioco   *game*
e ancora   *and again, also*
sia ... che   *both ... and*
se fossi giocatore   *if I were a gambler*
prima di tutto   *first of all*
casinò (*do not confuse with* casino, *brothel*)
   *casino*
quando avrei perduto tutto   *when I had lost
   everything*
giurerei di non giocare più   *I would swear not
   to gamble any more*
vigilia di Natale   *Christmas Eve*
farei il giro del mondo   *I would tour all over the
   world*
tutte le sere   *every night*
trascorrere   *to spend*

corse ippiche   *horse races*
sarei tentato dalle scommesse   *I'd be tempted
   by the bets*
cavallo   *horse*
non di certo sarei   *of course I wouldn't be*
egoista (*invariable in sing.*)   *selfish*
farei molte opere di beneficenza   *I would
   contribute to many charities*
interruppe (interrompere)   *interrupted*
un foglio di carta bollata   *a sheet of stamped
   paper (the paper is stamped to make the docu-
   ment legal)*
io sottoscritto   *I, the undersigned*
domiciliato a ...   *resident in ...*
il nipote   *nephew* (could also = *grandson*)
svenni (svenire) dal colpo   *I fainted from the
   shock*
rinvenni (rinvenire)   *I came to*
corsi (correre) dal dottore commercialista   *I
   rushed off to my financial adviser* (lit: *graduate
   in commerce*)
affinchè mi consigliasse   *so that he could advise
   me*
il modo migliore d'investire   *the best way to
   invest*
tale patrimonio   *such a fortune*
ereditato   *inherited*
prediletto   *favourite*
sino a = fino a   *up to*
compreso (comprendere)   *including*
risparmio   *savings*
tanto sudore   *so much sweat*
in attesa che essi si triplicheranno   *in the
   expectation that they will treble*
come più volte   *as ... many times*
il noto professionista   *the well-known expert*
sono completamente al verde   *I'm skint, broke*

## Exercises and practice

**A**   *Conditional* introducing imperfect subjunctive of *avere/essere/fare.*

Choose a suitable verb in the conditional to complete these sentences. In sentences
where the first verb is impersonal, use the first person singular in your answer.

*T.* Se avessi una bella voce, —.   *If I had a beautiful voice ...*

*S.* Se avessi una bella voce, canterei.   *If I had a beautiful voice I would sing.*

*T.* Se avessimo una bella voce, —.   *If we had beautiful voices ...*

*S.* Se avessimo una bella voce, canteremmo —.   *If we had beautiful voices we
   would sing.*

*T.* Se facesse brutto tempo, non —.   *If the weather were bad ...*

*S.* Se facesse brutto tempo, non uscirei.   *If the weather were bad, I would not go
   out.*

1  Se avessi il telefono, — a Giulia.
2  Se avessi un libro, —.
3  Se avessi sonno, —.
4  Se avessimo appetito, —.
5  Se avessimo sete, —.
6  Se facesse freddo, — il cappotto.
7  Se facesse caldo, — la giacca.
8  Se facesse bel tempo, —.
9  Se fosse vicino, — a piedi.
10 Se il mare fosse calmo, — il bagno.
11 Se fosse buio, — la luce.
12 Se non ci fosse il treno, — l'autobus.

**B**  Imperfect subjunctive of AVERE + pronoun.

*T.* Ah, ma lei non ha il biglietto?
*S.* Credevo che l'avesse.

*T.* Ah, ma voi non avete i biglietti?
*S.* Credevo che li aveste.

*T.* Ah, ma le signorine non hanno i biglietti?
*S.* Credevo che li avessero.

1  Ah, ma lei non ha la patente?
2  Ah, ma Roberto non ha le sigarette?
3  Ah, ma non avete il mio indirizzo?
4  Ah, ma non avete la macchina?
5  Ah, ma non hanno il telefono?
6  Ah, ma non hanno il passaporto?

**C**  Imperfect subjunctive of ESSERE

*T.* Il professore è occupato?    ... *libero.*
*S.* Credevo che fosse libero.

*T.* Siete molto occupati?    ... *liberi.*
*S.* Credevo che foste liberi.

*T.* Gl'impiegati sono molto occupati?    ... *liberi.*
*S.* Credevo che fossero liberi.

1  Suo zio è molto ricco?    ... *povero.*
2  È brutto?    ... *bello.*
3  Ida è simpatica?    ... *antipatica.*
4  Siete liberi?    ... *impegnati.*
5  Siete a Roma?    ... *a Venezia.*
6  I negozi sono chiusi?    ... *aperti.*
7  I suoi genitori sono al mare?    ... *in montagna.*
8  Le camere sono sporche?    ... *pulite.*
9  La luce è accesa?    ... *spenta.*
10 L'albergo è vicino?    ... *lontano.*

**D**  Imperfect Subjunctive.

Insert the correct form of the imperfect subjunctive of *avere/essere/fare*, whichever is appropriate, in the spaces provided. Use the same person of the verb as the one given.

*T.* Se — tempo, ci vedremmo più spesso.
*S.* Se avessimo tempo, ci vedremmo più spesso.

1  Lo farei se — tempo.
2  Se — abbastanza danaro, andrei in Italia.

3  Se — in Italia, che città vorrebbe visitare?
4  Se — libero, ci verrei volentieri.
5  Andrei ad abitare a Roma se — un posto al Ministero.
6  Cosa farebbe se — un milione di sterline?
7  Se — lo straordinario, starebbero meglio.
8  Se ci — un aereo, partirebbe subito.
9  Se — il giro del mondo, vedremmo molte cose interessanti.
10  Se — fame, mangerei.
11  Se — sete, berrebbero.
12  Se — poveri, non andrebbero in villeggiatura.
13  Se — attenzione, capireste meglio.
14  Se ci — un posto, si siederebbe.
15  Se — il pieno a questo distributore, potrebbe fare altri 100 km.
16  Se — lì, ci divertiremmo.
17  Se Franco — promosso, la mamma gli farebbe un bel regalo.
18  Se Ida — i compiti, il professore sarebbe contento.
19  Se — Natale, nevicherebbe.
20  Se gli — un bel regalo, potremmo convincerlo più facilmente.

**E**  Imperfect subjunctive (other verbs).

Respond to the following questions using the imperfect subjunctive of the verb in the question.

*T.* Viene così tardi stasera?  Speravo che — più presto.
*S.* Speravo che venisse più presto.

1   Va bene quell'orologio?              Credevo che non — bene.
2   Parte col treno?                     Credevo che — con l'aereo.
3   Si danno del tu?                     Credevo che si — del lei.
4   Fa bel tempo in Irlanda?             Credevo che — brutto tempo.
5   Stanno comodi lì?                    Credevo che — scomodi.
6   Verrà solo?                          Speravo che — in compagnia.
7   Non vanno in Italia?                 Speravo che ci — quest'anno.
8   Non lo vedranno? Peccato!            Speravo che lo —.
9   Non le piace questa gonna?           Peccato! Speravo che le —.
10  Non ha ancora telefonato?            Speravo che mi — in giornata.

**F**  Conditional sentences.

There are three main types of conditional sentence:

1  If I leave at two, I'll arrive at three.                              POSSIBLE
2  If I left at two, I would arrive at three.                           UNLIKELY
3  If I had left at two, I would have arrived at three.                 IMPOSSIBLE

In Italian these become:

1 Se parto alle due, arrivo alle tre.
 Se partirò alle due, arriverò alle tre.

2 Se partissi alle due, arriverei alle tre.
 (*imperfect subjunctive*)　(*conditional present*)

3 Se fossi partito alle due, sarei arrivato alle tre.
 (*pluperfect subjunctive*)　(*conditional perfect*)

Note pluperfect subjunctive of *avere* verbs:
 *Se avessi comprato, veduto, avuto, finito*

Now transform each of the following conditional sentences in three different ways as in the example above.

1 Se parto con l'aereo, arrivo prima.
2 Se ho abbastanza soldi, vado in Italia.
3 Se ho fame, mangio.
4 Se ho sete, bevo.
5 Se finisco presto, vengo a prenderti.
6 Se faccio lo straordinario, guadagno di più.
7 Se trovo il costume, faccio il bagno.
8 Se pago la bolletta del gas, rimango senza soldi.

**G** VOLERE (conditional) + Imperfect Subjunctive.

All these sentences are introduced by *volere* in the present indicative + present subjunctive. Transform to the imperfect subjunctive by introducing the sentence with the conditional.

*T*. Vogliamo che tu vada a prenderli alla stazione.
*S*. Vorremmo che tu andassi a prenderli alla stazione.

1 Voglio che tu vada al mio posto.
2 Vogliamo che veniate a cena da noi.
3 Voglio che sia promosso.
4 Vuole che facciano più attenzione.
5 Michele vuole che tu mi dia una mano.
6 Non voglio che se la prenda con me.
7 Non vogliamo che faccia brutta figura.
8 Non voglio che tu esca senza soldi.
9 Voglio che ci diano delle ricette culinarie.
10 Vogliamo che lei resti un altro po'.
11 Voglio che lo dia a Giovanni.
12 Vogliamo che tu gli risponda subito.
13 Voglio che faccia lo straordinario.
14 Vogliamo che voi ce lo presentiate.
15 Non voglio che voi andiate con l'aereo.

## Useful words and expressions

*Sport*

| | | | |
|---|---|---|---|
| giocare: a carte, a tennis, | vincere | il canottaggio | |
| a dama, a scacchi, al golf, | perdere | la pallacanestro | |
| a pallone. | pareggiare | la pallanuoto | |
| praticare uno sport | allenare | il pugilato | |
| la piscina: coperta, scoperta | attaccare | il calcio | |
| lo stabilmento balneare | colpire | il nuoto | |
| lo stadio | lanciare | il ciclismo | |
| la palestra | saltare | la pallavolo | |
| il socio di un circolo | correre | la corsa | lo sci |
| la quota d'iscrizione | nuotare | la gara | la pesca |
| campo: sportivo, da corsa | tuffarsi | la scherma | la squadra |
| | annegare | l'atletica | la lotta |
| | | la partita | la vela |

| | |
|---|---|
| il professionista | la barca a vela |
| il dilettante | il canotto |
| il tifoso | il battello (pneumatico) |
| il calciatore | mezzo di trasporto: aereo, nautico |
| il giocatore | l'imbarcazione |
| il campione | a bordo |

Dov'è l'ingresso?
Chi ha vinto? Chi ha perduto (perso)?

*Teatro*

| | | |
|---|---|---|
| il teatro di prosa | il regista | la tragedia |
| il teatro dell'opera | il divo | la rivista |
| il palco | la diva | l'orchestra |
| il loggione | il direttore d'orchestra (il maestro) | la ballerina |
| il sipario | gli applausi | il binocolo |
| il palcoscenico | il posto | il pubblico |
| il primo atto | il programma | lo spettatore |
| la galleria | la maschera | lo spettacolo |
| lo scenario | la platea | la rappresentazione |
| l'intervallo | la poltrona | l'ingresso |
| l'attore | la sala | la poltroncina |
| l'attrice | la commedia | |
| il cantante | | |
| la cantante | | |

GIORGIO
ELENA  sua moglie
BENZINAIO

GIORGIO    Se vogliamo arrivare a Roma prima dell'ora di punta, dobbiamo sbrigarci; il traffico, se ben ricordo, dovrebbe essere piuttosto caotico: credo che pochissimi rispettino la segnaletica e che occorra quindi molto tempo per attraversare la città.

ELENA    Sarebbe meglio che facessimo il pieno prima di partire.

GIORGIO    Per ora la benzina è sufficiente. Penso che prima di immetterci sull'autostrada, troveremo un distributore. Se volessimo prenderla qui in città, dovremmo fare una lunga fila a causa dello sciopero dei benzinai che inizierà tra qualche ora. Sei pronta? Io comincio a caricare le valigie.

ELENA    Eccomi! Non abbiamo dimenticato nulla? Vediamo un po': patente, libretto di circolazione, triangolo . . . ci dovrebbe esser tutto. Il portabagagli è chiuso bene? Sei sempre così distratto! Ricordi quando siamo andati dai Petillo a Milano? Non solo cadde una valigia, ma per poco non causammo un incidente.

GIORGIO    Ti lamenti sempre! Ho chiuso benissimo! Questa volta ho anche fatto controllare motore, freni, frizione e luci, e il meccanico mi ha assicurato che non avremo noie.

ELENA    Sono felice di partire senza i bambini.

GIORGIO    Chissà se faranno disperare anche i nonni!

ELENA    Non pensiamoci. In fondo è solo per una settimana e dopo tanti anni, ci meritiamo una vacanza in santa pace. Non correre, Giorgio! Ricorda che 'Chi va piano, va sano e va lontano.' Attento! Attento a quell'uomo! . . .

GIORGIO    Io faccio attenzione. Se solo i pedoni si servissero dei sottopassaggi o delle strisce pedonali, si potrebbero evitare tanti incidenti!

ELENA    Ecco il distributore! Fa' anche controllare il livello dell'olio e la pressione delle gomme compresa quella della ruota di scorta. Non si sa mai!

BENZINAIO    Ho controllato anche l'acqua, signore. Diamo una pulitina ai vetri?

ELENA    Sì! Purchè lo straccio sia pulito.

BENZINAIO    Ecco fatto. Quattromila e otto.

GIORGIO    (*Dà L.5000*) Tenga pure il resto.

ELENA    Stiamo per arrivare al casello. Preparo i soldi per il pedaggio?

GIORGIO    È inutile, ora! Lo sai che su questo tratto dell'Autostrada del Sole, si paga all'uscita!

ELENA    Invece di andare in escandescenze, fa' attenzione a quel cartello! C'è scritto: 'SCARSA VISIBILITÀ SU ALCUNI TRATTI'. Se vogliamo evitare un tamponamento, cerca di tenere la distanza regolamentare. Oh Dio mio! La sirena della polizia! Guarda quante 'pantere'! Sarà accaduto un incidente.

GIORGIO    Infatti. Ecco là, la polizia stradale che fa immettere le macchine in una sola corsia.

ELENA    Solo così si eviteranno sorpassi pericolosi. L'unico inconveniente è che adesso i clacson ci romperanno i timpani.

GIORGIO    Tu pensi ai clacson ed io invece al tempo che perderemo. Come vedi: 'Chi va piano, va sano, ma non arriva mai!' . . .


## Questions for you

1  A che cosa servono le strisce pedonali, i sottopassaggi, i caselli e la segnaletica stradale?
2  Che cosa si dovrebbe fare per evitare ingorghi di traffico al centro di una città?
3  Pensa che sia preferibile vivere in una città come Venezia dove il traffico automobilistico è proibito, o in una città come la sua?
4  Quali sono i vantaggi e gli svantaggi di possedere una macchina?
5  Crede che oltre a multare gli automobilisti per delle infrazioni stradali, si dovrebbero qualche volta multare anche i pedoni? Per quale tipo di infrazione?
6  In che modo lei risolverebbe il problema del parcheggio?
7  Per allargare le vecchie strade e costruirne delle nuove, si demoliscono molti palazzi, il che causa problemi di carattere sociale ed affettivo. (allontanarsi dal luogo in cui si lavora; le difficoltà per ambientarsi in una nuova zona; lasciare l'ambiente e la casa in cui si è vissuti e che per molti potrebbero essere pieni di ricordi). Dica fino a che punto si possa giustificare la demolizione dei palazzi e fino a che punto si debba tener conto di tali problemi.
8  Il frigorifero, l'aspirapolvere, la lavastoviglie, la lavatrice, la lucidatrice, la radio, la televisione, il telefono, il giradischi, il registratore, la cinepresa, l'automobile: ecco un elenco di cose senza le quali molte persone moderne non potrebbero vivere. Le elenchi in ordine decrescente, secondo quella che per lei, è la loro importanza e spieghi i motivi della sua scelta.

## Il delitto del Conte Arturo

Il conte Arturo, desiderando conoscere a tutti i costi il suo futuro, si recò dal celebre chiromante Vinciguerra. Questi, dopo aver consultato la sfera di vetro e le carte magiche, scuro nel volto, con accento grave, gli predisse: 'Vedo sangue scorrere nel corso della sua vita . . . Lei ammazzerà qualcuno. Guardi! la linea della vita è molto tortuosa . . .'

Il conte Arturo, che all'inizio aveva considerato tali parole solo fantasticherie, s'accorse che, benchè cercasse di dimenticarle, inevitabilmente gli ritornavano alla mente.

Col passare dei giorni, diventando detta sentenza un'ossessione, pensò che l'unico rimedio fosse quello di uccidere effettivamente qualcuno.

Designò vittima un prete, ma questi, benchè avesse ricevuto uno spintone, riuscì per un pelo ad evitare l'autobus. Anche lo zio, dopo aver bevuto il decotto avvelenato, riuscì a sopravvivere, anzi il suo stato di salute da quel giorno andò migliorando. Un giorno vedendo uno zoppo, pensò: 'Chissà che misera vita conduce quell'uomo! Potrei porre fine ai suoi mali spingendolo contro quel cavallo che s'avvicina veloce come il vento.' Ma lo zoppo, pensando che l'animale si fosse imbizzarrito, afferrò con perizia le lunghe redini e poco dopo lo fermò. E che dire del regalino che inviò alla vecchia ricchissima zia, ma avara come un genovese? La bomba ad orologeria applicata ad esso non funzionò e la vecchia, all'oscuro di tutto, volendo ringraziare e premiare l'affezionato nipote, gl'inviò cinquecento lire col seguente biglietto: 'Con la speranza che li spenda con cura.'

Per porre fine a tante avversità, pensò che l'unico rimedio fosse il suicidio. Una sera, quindi, s'incamminò verso il Tevere col fermo proposito di farla finita. Ma vedendo un uomo appoggiato al parapetto: 'Che fortuna!' esclamò. Si tolse le scarpe e quatto quatto s'avvicinò alla vittima, gli afferrò lesto le gambe e lo spinse in acqua. La sirena di un vaporetto lontano attutì il tonfo. Quando la scomparsa dei cerchi concentrici nell'acqua, ritornata calma, lo assicurò che l'uomo era affogato, felice riprese la via del ritorno. Mai aveva dormito bene come quella notte.

Quale sorpresa allorchè l'indomani lesse sul giornale: 'Il signor Vinciguerra, celebre chiromante, ha voluto porre fine ai suoi giorni, annegando nel Tevere.

Il conte fu lieto d'inviare una corona di fiori al suo funerale con l'iscrizione: 'Con gratitudine.'

# Index